张中锋 ◎ 著

成为教练

机械工业出版社
CHINA MACHINE PRESS

图书在版编目（CIP）数据

成为教练 / 张中锋著. -- 北京 : 机械工业出版社，
2024．10． -- ISBN 978-7-111-76554-7

Ⅰ．F272

中国国家版本馆 CIP 数据核字第 202486GA85 号

机械工业出版社（北京市百万庄大街 22 号　邮政编码 100037）
策划编辑：朱　悦　　　　　　　　　责任编辑：朱　悦
责任校对：李可意　马荣华　景　飞　责任印制：郜　敏
中煤（北京）印务有限公司印刷
2024 年 11 月第 1 版第 1 次印刷
147mm×210mm·12.25 印张·3 插页·213 千字
标准书号：ISBN 978-7-111-76554-7
定价：69.00 元

电话服务　　　　　　　　网络服务
客服电话：010-88361066　机　工　官　网：www.cmpbook.com
　　　　　010-88379833　机　工　官　博：weibo.com/cmp1952
　　　　　010-68326294　金　书　网：www.golden-book.com
封底无防伪标均为盗版　机工教育服务网：www.cmpedu.com

诚意与共生

一、缘起

2005 年 7 月的一天，上海波特曼酒店大堂，从晚上 8 点到凌晨 1 点 5 个小时的时间，时任光明乳业董事长、总裁王佳芬给了我一个重大的机会。我坐在她的对面，专注地感受着这位身陷危机事件中的企业家。终于，那个躺在她心中的英雄慢慢醒来，那个被极度委屈情绪障蔽的真实的王佳芬回来了，就坐在我的面前。后来我才知道，那一刻，是我企业家教练生涯的起点。

在之后的合作过程中，王佳芬跟我说了一段极其重要的话。她说："中锋，我发现你不仅可以和我谈品牌、公关，还可以谈企业战略、组织发展甚至产业趋势，感觉你比我还懂我们这个行业，我每次和你交谈都会获得新知。"我说："这是个假象。事实上，我极力避免成为你们这个行业的专家，因为，那样我就很容易站在你身后，成为你的幕僚。而我坐在你对面，则是思考伙伴。我阅读你，读懂积聚在你身上数十年的行业信息，还有你光明的内心。你杰出的领导力能够得以持续绽放，我勉强是个启发者，更多的时候，我是个倾听者、提问者和陪伴者。"

就是这次记不清具体发生在哪一天的谈话，在我心中种下了种子，生根发芽。在此后十多年的岁月里，我得到了王佳芬持续的呵护、鼓励和支持。多年后我了解到，这种性质的工作在美国被称作"教练"，以别于顾问和导师。

2008 ～ 2012 年，诸多机缘之下，我开始极其严肃地思考我的使命，不断倾听内心的声音。我发现自己能做的事极其有限，所以我必须集中精力做我最擅长的事。这件事须让我尽可能自在，常有高峰体验。在这个时代的中国，有一个被命名为企业家的群体，他们是生产力的解放者，是可爱的人，也是承受压力极大、伤病很多的人。我希望做这个群体的陪伴者，全程参与他们杰出生命的建设。我相信，他们对了，中国的商业秩序才可能有质的飞跃，从而正向推动社会生态的发展。如果我能深度影响 20 个行业的领袖，就可以间接影响更多的上下游及细分行业。我决定加入这个推动者的行列。

2012 年，我结束原公司的所有项目，开始全力聚焦于企业家教练这个身份和工作。

二、教练时刻

经过多年的探索，我发现中国企业家对所谓"教练"的需求，客观上涵盖了顾问和导师的工作职责。这三者的定义可以勉强进行如下区分：教练是启发者，是那个帮你找到内在自我、挖掘潜能的人，他坐在你对面，陪伴着你；顾问是要以某领域专家的身份帮你寻找相应解决方案的人；导师要引领你，指方向给你，在你前面看护你。不同的企业家在不同阶段往往同时需要这三者，但需要的程度各有不同。这是要面对的现实，也是困难和挑战。我非常幸运，在过往十多年的实践中，我在这三个身份之间可以自由切换，较好地满足了企业家客户的需求。

作为教练，我总是带着空空如也的状态坐在企业家的面前。空空如也就是回到原点，是真实的就在这里的状态，是当下。此时，教练双方处于共生状态，现场能量充沛（这需要足够的诚意才能做到）。我相信，每一位坐在我面前的企业家都是一座高山，有各自的无限风光。我能做的就是让这座高山更真实、更完整地呈现出来。我会怀着

"见来求者，为善师想"的深度谦卑，无限专注于正在发生的一切，全然交付于现场。也唯有此时，我才能致中，如静静的天池水，一片坦然，获得信步而行的自由感，与山川一会，气象万千。这些中节的声音，是联结，是和，于是"天地位焉，万物育焉"。坐在我面前的企业家只是找回了自己，照亮了自己心中极小的暗淡角落，而我只是触摸开关的那个人。我相信他们有能力解决自己的问题。即使我貌似扮演着顾问的角色，也会高度自觉，我只是带领他们看见不同的高山，和他们一起探寻，共同遇见那个等着我们的答案；又或者我貌似扮演着导师的角色，但也只是谨慎地领着他们回到出发的地点，用手指着他们的前方，他们会听到心里有个声音说："呵，原来是这样。"

这就是我说的"教练时刻"。这才是所谓的"秘密"。

教练对象对此刻的描述各种各样：譬如豁然开朗，醍醐灌顶；譬如用手指着自己心脏的位置说，"你可以去到我这里，你可以让我找到真正的自己"；譬如双手抖得端不起眼前的一个小茶杯，或者双腿酸软，又或者舒展双眉说，"呵，今晚我可以睡着了"；又譬如轻松平淡地告诉我一个刚刚做出的重大决策。我知道，此刻，我只是帮他们找回了那个本来完整强大的自己，如此而已。

三、张中锋三原则

我对坐在我面前的每一个企业家都充满感激，他们敞开内心任我驰骋，带我进入更广阔的商业世界，成全了我作为一个所谓教练的本分。这是我的荣幸。近 20 年来，也是他们和我共生、确认和丰富了由我命名的张中锋三原则：回到原点、跨界、聚焦。这几乎就是我的信仰，是我确定自己思维和行为的指针，是我作为企业家教练的法宝，让我具备了更多的信心和能力去服务本就杰出的企业家。

回到原点，事物的本质就会呈现，这可以保证我们做一件正确的事，我们就有了方向和前行的基本动力；跨界，是那一"会"，是正确的事变得精彩的可能，如跨越两岸的美丽桥梁，如天地交接之处太阳的光辉，如水遇到悬崖生成的瀑布；聚焦，是集中精力和资源持续做一件事，这就像钻井出水，让正确而精彩的事兑现价值，获得我们想要的成果。

四、教练修养

教练需要持续地存养，这是个慢慢习得的过程，我还在探索的路上。我能分享的仅有如下经验：以坐在对面的企业家为善师，自觉地向他们学习，借取光芒；要时时向公认的伟大的圣贤靠近，阅读并体会他们的教言，用心感知，如在身边，而不只是背诵"子曰"；还有，就是保持自我觉察，自己是不是走在趋向使命的路上，有没有分心，是否偏离了方向。

企业家教练身份独特，身受重托，必须时刻保持那份受委托的诚意。要时时检点，以防迷失在教练对象的赞美里。而更危险的是动了私心，如果成全对方的心稍打折扣，你整个人立即就会暗淡下来，不但无智慧可谈，更可能给自己带来巨大风险；动了私心，你就缺乏了勇气，丧失了与企业家真诚对话的能力，甚至成为可能涉及的尖锐关系的牺牲品。

唯有成全对面坐着的人，才能成就自己的使命。这是教练应有的信念，也堪称戒律。

持续地存养需要大量的时间。这些年我自觉地将存养时间和教练时间的分配保持在7:3的比例。我不断确认自己能否回到原点的状态。即使这样，我还是满心忐忑、如履薄冰，越探索越觉得不够。事实上，也确实没能看顾好一些曾经坐在我对面的贡献于我的企业家，没能为他们持续创造更大的价值。

习得的功夫比技术重要，这是我强调企业家教练修养的原因。这一代中国企业家大多数是创业者，有极强的独立人格，内心强大，英雄型人格居多。他们满身是伤、勇敢坚毅，也有很强的学习能力。他们与普通的企业高管大不相同。对一个要离他们这么近的教练来说，被细细打量甚至挑战，是再正常不过的事。除了笃定相信和保持教练时刻的无限专注之外，深度谦卑和全然交付尤为必要，也更为艰难。而这四点正是我所谓诚意的四个内涵。

教练在被打量和挑战时，要立于我常说的"退尺之地"，留出空间给对方舞蹈。要营造一切可能的场域，让企业家处于自然而然的舒适状态。唯有如此，他才可能呈现更多的真实。所谓的棒喝，绝不是让教练扮演成一个老师的样子，而恰恰是因为教练对象自己的"止"，如实地看见那些真实，这才有自然的截断或刀至肯綮的入理拆解。这与傲慢的对打和撕扯风马牛不相及。需要特别说明的是，深度谦卑绝不是讨好。谦卑是指你用包容、接纳、开放、平静的心态去等待。讨好会让真相迷失，这不是真正意义上的尊重，不利于他发现真实的自己。这与教练价值背道而驰。全然交付中的"全然"是说不设防，是无边界状态。教练要先于教练对象交付，教练是那个引发者，要让教练对象尽可能处于自由状态。掩饰、设防都只能表现教练的虚弱，让教练自己满是无力感。

　　说来说去，还是要回到我强调的日常修养上。修养到了，就会有"就是这样"的感觉，不会想到技巧之类的词。你得真实地"是"，婴儿的状态怎么可能靠技巧回去呢？你"是"，他们才会有"我是"的感觉。你不能按你的想象，让他们成为你要的"他们是"。

　　有诚意，才会有共生，才会有这个"我是"的"教练时刻"。

五、践行与时机

　　如何让这种"教练时刻"成为一种持续的关系？除了上面讲的持续修养之外，我在实践中会保持一种高度自觉。我会让企业家作为自然人的自然人格和作为企业家的职业人格高度联结，和他一起发现并经常检讨和维护。通过联结，把自然人格里的基本信念作为职业人格的底层能量供应，并转换为他们现实中的领导力，向所领导的组织传递，把内在的声音转换成外在的号角，让团队听到，响应并生成协同的力量，而此刻的领导者觉得只是在做自己。人在做自己的时候有强烈的自我实现感，不扭曲、不迟疑、不左顾右盼，纯粹而饱满。他是自在的，是能量最为充沛的，也是最可持续的。这个联结的通道需要长时间看护和保养。

企业如风中远航的船。作为舵手的企业家总是要面临风浪带来的大小颠簸。作为企业家教练，你需要听到企业家内心的声音，足堪信赖；还需要有陪他洞悉商业本质的能力，即所谓虚实相继。事实上，你陪他走深、走远了就会知道，无论多么波澜壮阔的商业现象，背后都只是人性的细节。这也是企业家教练另一个存养的功夫吧。只要被教练的企业家初心不忘、使命尚在，就没有不需要教练陪伴的理由，除非你跟不上他们的成长。

仅就经验来说，以下几种情况中教练价值比较容易显现：第一，企业领导交接班；第二，企业遇到危机；第三，重大突破性项目实施；第四，企业并购后的协同；第五，企业转型升级。以上五种时刻都会对企业家的心性带来较大考验，需要企业家对关键关系的骤然变化有深刻洞察，需要他们回到原点，审视自身与企业的使命，找到最佳的平衡点。这时企业家会明显感觉到需要一个听得懂自己、可信赖的思考伙伴，减少决策的孤独感，找到"我是"的状态。

这些年我做过的几个典型案例也说明了这一点。做女裤的张军先生是在企业转型升级遇到障碍时找到我的；王佳芬女士是在 2005 年遭遇企业重大危机时与我相见的；魏华钧先生和白照昊先生的案例最为丰富，当时既是两位领导人交接班时期，又逢企业股权并购期，还存在一定程度上的危机。正如在案例中呈现的，我的出现都是在他们遭遇艰难的时候，响应了他们的需求，开启了信任之旅。

一方面，人在一切妥当、自觉绰绰有余的时候，主动寻求支持的想法会比较弱。这符合人性。另一方面，企业家教练这种服务模式在中国企业家群体中还没有做到广为人知，很多企业家还不知道有这项服务。当然，我的探索还非常有限，我需要做得更好。这也是我愿意把近20年的探索心得拿出来分享的主要原因。我非常感谢这几位企业家愿意把我们一起工作的部分场景分享出来，对他们的慷慨支持，我会视为鼓励和鞭策。当然，涉及企业不便公开的内容，我们只能略去，让读者看到企业家教练贡献价值的逻辑和路径是我们的期望。

六、展望

时间过得很快，在我服务的案例中，改革开放后第一代企业家面临交接班的重大时刻，更重要的是，他们马上会面临离开战场后如何面对自己、如何与自己更好地相处这样的生命课题。这些"英雄"非同常人，曾经在战场上战胜过无数对手，现在只剩下自己供他们去超越了。这是更为艰难的命题。我想尝试继续陪伴他们，参与他们与自己深度和解的生命旅程。

与此同时，新一代企业家也正在成长，特别是众多家族企业的第二代企业家在面临接班或正在接班的过程中，存在大量与父辈认知的差异，有诸多焦虑和困惑。近五年我已对这一课题做了些研究和实践。我想在这批企业家准备启程或刚刚启程时，就在他们身边，深切地了解他们。我认为，传承的本质是一种关系。传承双方关系认知的误差是问题产生的根源。我想从这里介入，提供家族企业传承的关系动力。

总之，我会把做企业家的全程陪伴者作为我教练生涯的核心内涵，以回到原点、跨界、聚焦三原则为指导思想，以诚意与共生作为我的教练信念，充盈我的教练时刻。我会继续存养并践行我的教练思想，也邀请所有致力于以此路径贡献于企业家的同道与我一起探索，丰富和提升企业家教练的内涵与质量。

目　录

前言

词解·问答

001	教　练	/ 2	013	伙　伴	/ 49
002	诚　意	/ 5	014	惭　愧	/ 52
003	相　信	/ 7	015	特　权	/ 55
004	隐　私	/ 13	016	荣　誉	/ 58
005	防　御	/ 17	017	余　地	/ 60
006	恐　惧	/ 22	018	退　尺	/ 63
007	超　越	/ 28	019	节　制	/ 69
008	开　放	/ 31	020	服　务	/ 72
009	欺　骗	/ 34	021	交　付	/ 75
010	障　碍	/ 40	022	愿　力	/ 77
011	谦　卑	/ 43	023	接　纳	/ 82
012	本　分	/ 47	024	无　我	/ 85

词解·问答

025　安　忍　/ 93

026　尊　重　/ 97

027　随　顺　/ 100

028　赞　叹　/ 104

029　讨　好　/ 107

030　直　心　/ 110

031　如　实　/ 115

032　平　等　/ 121

033　专　注　/ 126

034　平　静　/ 129

035　空空如也　/ 132

036　当　下　/ 135

037　　止　/ 137

038　觉　察　/ 142

039　联　结　/ 145

040　现　场　/ 148

041　倾　听　/ 154

042　能　量　/ 157

043　意　义　/ 162

044　感　知　/ 166

045　关　系　/ 168

046　共　生　/ 171

047　人　格　/ 176

048　信　仰　/ 184

049　中　和　/ 188

050　权　威　/ 191

051　顾　问　/ 195

052　导　师　/ 199

053　初　见　/ 202

054　辨　析　/ 205

055　需　求　/ 208

056　一对一　/ 212

057　付　费　/ 216

058　边　界　/ 220

059　约　定　/ 224

060　周　期　/ 231

061　节　奏　/ 235

062　选　择　/ 238

063　放　下　/ 241

064　方　便　/ 244

065　变　奏　/ 247

066　控　制　/ 250

067　截　断　/ 254

068　空　白　/ 258

069　场　景　/ 263

070　活　泼　/ 267

071　误　会　/ 270

072　示　范　/ 274

073　温　习　/ 276

074　评　估　/ 280

词解 · 问答

075 教练笔记 / 283
076 教练的教练 / 287
077 庆祝 / 290
078 体验 / 294
079 语言 / 296
080 立场 / 300
081 动力 / 304
082 系统 / 308
083 协同 / 310
084 日常 / 314
085 行动 / 317
086 陪伴 / 321
087 保密 / 324

088 回访 / 327
089 议题 / 330
090 提问 / 334
091 时机 / 340
092 适合 / 345
093 挑战 / 347
094 答案 / 352
095 教练时刻 / 355
096 准备 / 357
097 存养 / 361
098 和解 / 364
099 习惯 / 367
100 谢谢你 / 370

后记 / 373

词解

Coach

问答

001

教练

词　解

对于教练对象而言，教练是你可以借助的力量，是照见你的一面镜子，是共同发现之路上善意的伙伴。教练过程是一次带你去看见实相的唤醒，是你需要前行时的鼓舞，是取得胜利时听到的掌声。

教练是坐在你对面的思考伙伴，是启发者，是陪伴者。教练启发你了解自己更多，拓宽自我边界，减少在黑暗中摸索的时间。教练让你更完整地发现自己。

教练和教练对象都要有诚意，对彼此笃定相信、深度谦卑、全然交付、无限专注。

教练要"见来求者，为善师想"。教练要始终以教练对象为焦点，放低自己，倾听教练对象带来的所有现场信息，学会从教练对象身上汲取力量并返还给教练对象。

教练要持续练习专注的能力。教练提供的是积极和谐的能量场，如大海，如高山。唯有无限专注才能达到这样的能量场。这是共生的能量场，而共生是教练价值实现的必经通道。

教练对你的自然人格对商业问题的影响更敏感，而顾问通常会从业务本身给出专业建议。教练相信，只要这个人清明了，就可以解决问题，教练可以让教练对象处于更"是"的状态。教练相信答案就在教练对象自己手里。

教练和教练对象之间本质上是彼此赋能的关系。教练时间是彼此共同发现的旅程。

问 答

问：教练对于教练对象，是镜子，是善意的伙伴，是唤醒，是鼓舞，是掌声。要做到这些，教练就要持续练习专注的能力。关于这个专注的能力，你用大海、高山来比喻，教练专注的能量有那么大吗？怎样来感受专注是大海、高山呢？

答：这一刻，你的内心和你的身体就只在这里，没有跑回过往，也没有跑到未来。内心特别纯粹，不分离、不纷杂、不纠结。只是这个，没有别的了。怎样达到这种状态？只有无限专注可以让你达到这种状态。而一旦你营造了这样一个氛围，就可以创造一个巨大的场域，让教练对象跟你一起进入这个场域。

教练对象的内心也会很纯粹，念头不再飘忽，跟你会有高度的联结感。教练对象会感受到一种从未有过的平静带来的力量。那些在内心起伏的愤怒、抱怨、不解、困扰、沮丧统统可以剥落，就好像看见大海。大海的浩渺会让这些东西顿时消失，而情绪一剥落，往往真实答案就可能出现，所谓水落石出正是如此。"无限专注"是教练的至高境界，需要不停地修炼。

002
诚意

词　解

　　意诚则知至。如何才能收摄念头抵达本来的秩序和实相呢？我在十多年的教练实践中感悟最深的是以下四个方面：笃定相信、深度谦卑、全然交付和无限专注。

　　有了这四个方面的功夫，就意味着你对教练关系付诸了诚意。有诚意就会有共生，在教练实践中就会让教练对象拥有和教练在一起的感觉，双方都有很强的联结感，能量得以焕发，可以回归平衡，有能力面对艰难和脆弱的局面，直面真实，找出问题的症结，一起迎向光明。

　　诚意和共生是我的教练哲学的全部。这本书中的100条词解及其问答正是对这两个核心观点的全面注解，也是一个教练自我修养的目标。

问　答

问：意诚则知至，收摄念头可以抵达本来的秩序和实相。这里的秩序和实相指的是教练关系的秩序和实相吗？

答：既是指教练关系本来的秩序和实相，也是指教练对象所求助问题的实相，当然也只有抵达教练关系的实相，问题的症结才会被真实呈现。抵达实相是一种智慧，也是一种长期存养的过程。从这个意义上说，教练不只是一种职业，也是每一个人都会扮演的角色。无论教练还是其他工作角色，都是只有做人做对了，做事才会做对，因此诚意不仅是教练的职业修养，也是人生的修行指标。因为无论任何关系，唯有诚意才能达成共生，而只有共生才会有在一起的和谐感，共同创造并坦然分享。

003
相信

词　解

相信是找寻，是回去，是回到故乡。回到故乡会让你心安，因为那里的一切都让你熟悉，没有不确定的，都和你有联结，你的能量会得到保存，不受损。相信会让你和根本的自我发生联结。

相信是希望自己与其他人或者事物建立联结以获得熟知。因为熟知，你可以确定这里没有冲突和伤害，让自己更有安全感和确定感。

相信有时也表现为臣服于一种比自己力量更强大的事物。虽然未有经验，但你知道它的力量明显大过你，比如日月星辰。这会给你一种归属感。归属感同样可以让你感觉心安。

教练要相信教练对象更了解他自己的烦恼及其产生的

原因，只是种种原因障蔽了他的认知。相信本身会传递在一起的力量。教练对象感觉不孤单，心下安稳，自信而积极，而这正是联结的表征。

正是教练对教练对象传递的这种相信，反过来会引发教练对象对教练的相信，以及对经由联结所产生的力量更大的相信，这是藏在底层的一个秘密。

相信是不断地肯定与被肯定，是一种有力的鼓舞，令人焕发生机。相信是最好的赋能，是联结的通道。

笃定相信是诚意的重要内涵。有笃定相信，就会有深度谦卑、全然交付和无限专注。

问　答

问：相信是很重要的力量，笃定相信是诚意的重要内涵。我们平时也经常说这个问题，这里的相信是不是有特指的内涵？

答：我们所讲的相信，是指在教练议题约定的范畴内，你要选择全然相信你的教练对象。"相"是互相的意思，不光是你要相信教练对象，也要引动教练对象相信你，只有这样，联结通道才会畅通。处于相信状态，信息才会被尽可能多地释放，不保留。没有相信就会有障碍，想掩饰或者修饰，有一些东西不想说或者不会坦白地都说出来。当然，跟这个议题无关的东西，你没有义务全然、毫无保留地相信。

问： 在约定的范畴内？

答： 对，你是以教练这个身份，在你们约定的范畴里彼此相信。如果教练对象有过不止一段婚姻，而且跟你们谈论的议题确实没有关联，那么他有权选择不告诉你上一段婚姻的故事。教练需要引导对方了解相信的边界，反复核对、校正，以确认约定。如果约定的边界很清晰，教练对象就会更有安全感，对教练的相信就容易达成，信息的通道就会畅通，效率当然就会更高。

　　另外，教练对象如果躲躲闪闪、不相信教练，其实给教练设立了很大的障碍。教练对象找教练是为了解决问题，而且是付费的，没有必要在慎重选择之后，再来考验教练。

问： 有时候会碰到这样的教练对象：理工男，习惯只对事不对人，非常不善于用心思考、用心体验，也常常不太会说自己内心的感受。如果碰到这样的人，应该怎么办？是他不相信你吗？还是他本身就不具备表达能力？

答：严格来说，教练不能把这个问题归咎于教练对象。这
还是教练的功夫问题，因为你不能奢求教练对象都是
善于表达感受的人。什么类型的教练对象都有，教练
要适应。每个人都是真实有情感的，教练对象的表达
方式可以有多种，你要找到他能够舒适表达感受的方
式，这是教练的能力。相信教练对象有这个能力，本
身就是教练应该拥有的一个信念。

对于你刚才说到的理工男，你要找到他表达感受
的方式。比如你可以通过跟他聊天，了解他怎么跟家
人相处，怎么跟最好的朋友相处，他喜欢喝酒、唱歌
吗，表达感受最常用的方式是什么。你通过问询他的
过往及在教练议题进行过程中观察他哪一种行为表现
得最多，来了解他的状态。这需要教练不断探索。

甚至教练可以明确地告诉他：为了能够尽快支持
到你，我们俩要共同努力，我邀请你来帮助我找到你
表达感受的方式。这是真诚的善意邀请，对方往往愿
意帮助教练。对教练来说，这也是谦卑的表现。

问：如果他不愿意把自己内心的感受说出来，通常是他对你
的信任度还不够吗？

答：有些时候是这样，更多的时候是他确实不知道该怎么

表达他的真实感受。你可以通过他的行为观察出来。有的人愤怒的时候会骂人，有的人脸憋得通红却说不出来一句话。这都在表达同一种感受。教练要找到教练对象表达情绪时用得较多的方式，尽量让他处在比较自在的状态。这是我们洞察力的一部分。

问：相信不仅是一种愿望，也是一种能力？

答：对，也是一种选择。你要选择相信，也要具备相信的能力。比如刚才说的理工男，你既然担任了他的教练，就要选择相信这个理工男有表达自己感受的方式。你只有相信他有，才能发掘出他的这种能力。

问：通常我和教练对象的前半段工作做得非常好，比如让教练对象把话说出来，我这方面能力非常强，因为我有笃定相信、深度谦卑；后半段，通常我的顾问角色、导师角色就会大于教练角色。学了教练技术以后，我慢慢在向这方面努力，其实我的教练实践应该说很丰富，我有那么多教练对象，他们在我面前，我想提的问题都可以提出。

答：这一方面是因为你人格的感召力，另一方面是因为你的洞察力。这两点保证了你会让别人说话，提问题的点也会非常精准。

问：对人的相信、谦卑、成全，这些你强调的特点我本身都具备。因为年龄和阅历，我觉得我也具备处理艰难问题的能力，把握问题的火候也比较恰当，只是我稍微急了一点。

答：对，在初期建立起别人对你信任的能力以及对场域的把控能力也很重要。磨炼这些能力很重要，虽然可能有一段很辛苦，但是一旦掌握这些能力就会融在你的血液里。另外，教练模式并不是僵硬的，尤其在中国当下的市场，现实要求企业家教练采用混合模式，只是时机的把握问题。你现在可以适当管理一下原来擅长的顾问和导师这两个长板，让教练这个短板长一长。能让别人愿意在你面前说话，提出很有力量的问题，这两点恰恰是很多人无法突破的。

004

隐私

词　解

　　隐私是每个人的基本权利，是每个人感觉自我完整的基本条件。隐私，某种意义上也是一个人的内生资源。每个人都有独特的个人经历，或正向或负向，影响着自己生命成长的进程。

　　隐私这个词，很容易给人带来一种自我防护的警觉，但是我们也经常因为可以向另一个人透露自己的部分隐私而体会到信任关系的递进。

　　在教练关系里，隐私主要指与约定的议题相关、涉及教练对象内心不愿公开的私人事务。

　　教练对教练对象开放隐私的边界要有高度的警觉，并不是教练对象的所有隐私对教练进程都有积极作用，要有约定的边界。教练对象的隐私，有时候会成为一种巨大的负能量，特别是企业家的相关隐私很可能带有"杀伤力"。

如果隐私是教练对象内在恐惧的根源，是脆弱感的来源，是影响他前行的最大纠结点，那么教练就有必要引导教练对象正视这个隐私，但同样需要适度。这是因为，除了刚才说的"杀伤力"会给教练本身带来压力以外，教练对象说出他的隐私后往往会很放松，有解脱的感觉，但是离开教练现场后可能会后悔，觉得自己说得过多，从而产生新的不安全感。这种新的恐惧会变成各种障碍，又需要教练费一番功夫去解决。

为了推进教练进程，引发教练对象的开放，教练有时候也会适度披露自己的人生经历。这些人生经历并不见得都是美好的记忆，之所以披露，只是因为这样的故事可以使教练对象获得一种自尊的提升感。教练对象发现每个人在成长的过程中都有类似的经历，而且这些经历并没有像毒蛇一般始终趴在那里，随时准备咬噬人们成功的喜悦。这是教练对教练对象的贡献，意味着教练对象对自我的认识和发现又更进了一步。这对教练对象的帮助是超越当下议题的，但需要教练具有非常高的职业素养并以高度的教练伦理作为约束。

问　答

问：在教练前期，教练对象因为与教练还相对陌生，通常容易过度防御，后期又会因为与教练信任度增加而容易过度释放隐私。

答：教练应该了解这个现象。如果你有认知，你对这个现象就不会感到诧异；如果你对此不了解，就容易被带进去。你知道在什么时机，在不伤害对方的情况下把话题引开，或者把话题推向纵深，因为你有高度的职业自觉、高度的专业精神。而这个不需要告诉教练对象，随着教练进程向前、向纵深推进，在做阶段性评估或温习的时候，教练对象自己往往会说出来。

问：相对来讲，哪一类隐私对于教练会更加有价值，对于议题的解决会有贡献？

答：不能硬性这样分，唯一的标准就是，与真实议题的关联度。

问：只有当他说出来的时候，你才知道跟这个议题是有关的，而每个人的隐私都跟他的内在自我形成有高度关联，教练是不是应该多了解一些他的隐私呢？

答：要看议题是什么。如果是与家庭有关的矛盾，严重影
　　响了他的决策状态，这是可以谈的。比如他跟他太太
　　的关系非常不好，经常发生冲突，导致他的精神状态
　　很不好。如果你保持敬畏心和职业的敏感，并没有那
　　么难以辨别，你始终要有那份警觉，不要只是好奇和
　　贪多。要懂得区分职业隐私和个人隐私。当然这里有
　　个磨合的问题，刚开始有出入是正常的。

005

防御

词　解

　　防御是教练对象在教练周期里的每个阶段都有可能产生的一种常见的心理状态，是教练经常遇到的挑战之一，是要不断跨越的一个又一个教练进程中的关卡之一。

　　防御的心理基础是不安全感。不安全感通常跟教练对象和教练约定的议题相关。所谓不安全感往往是因为教练因议题需要，要进入教练对象的内心深处，这个过程中不可避免地会触及隐私，更重要的是这些隐私通常会显示出教练对象脆弱的部分，而在教练对象没有认识到接纳真实完整的自己才是真正的强大之前，会不愿意暴露他的脆弱。他会不自觉地扯到一些表面的问题。这实际上是一种防卫或者一种逃避，他悄悄地把脆弱之门关闭，以防教练看见。

　　教练在第一次约谈的时候就会涉及这个话题：教练怎

样进入工作，又怎样经由调整和改变来影响所涉事情的改变。尽管如此，教练对象还是会产生防御心理。教练对他来说毕竟是一个相对陌生的人，虽然他也明了双方是契约关系，教练有受托责任，有保密义务，但他依然觉得在另一个人面前展露自己的脆弱，说出自认为的隐私，会有一种不安全感。但从另一个角度看，教练的突破口也正在这里。正是因为放下了防御心理，作为教练对象的企业家才得以更加完整、更加真实、更加有力量。教练要有这样一种认识和自觉。

　　教练在教练周期的开始阶段就会遇见防御现象。如果教练不从这里突破，教练对象一定不会感觉受到了有效支持。面对议题，他本来内心就孤独，如果发现你不能有效支持他，就会产生厌烦，对你的需求就会大幅度减弱，从防御变成明确的不愿意跟你说更多，这就真正进入教练关系的僵局和危机了。

　　而且，哪怕是经过努力有所突破，第一次防御机制被拆解，教练对象感受到了接纳自己的力量，也不意味着在整个教练周期里，教练对象不会在其他节点上出现防御心理。这种防御心理会不断出现，这符合人性。教练对象经历过太多太多的故事，如果你不做高度自觉的陪护，同时他也没有在这方面进行练习的自觉，那么那个被划开的口子很快又会被旧的病毒侵袭。值得注意的还有一点，通常教练对象认为他的内心已经完全打开，他已经很信任教练，他已经没有了防御，但这只是他认为，有一些其实是教练对象拿来欺骗自己的。这更多的是自我安慰。如果教练真的认为教练对象已经没有了防御心理，就会无法触及问题的根源，并且不能真正地解决这个问题，教练关系也会随之受阻。教练对象就会发现教练活动又没有效果了，又得不到教练的有力支持了。教练对象体会到的感受就是这个。于是，教练进程又一次出现挫折。教练应该有充分的心理准备，不要指望一次就可以彻底解决问题。教练认知到这些，会让自己相对平静，可以更为理性地去对待教练关系中的这一常见现象。

问　答

问：怎么解决教练对象的防御问题呢？

答：教练关系一旦约定，就要相信教练对象已经踏上了自我改变的旅程。至于防御机制，每一个成年人都有，是正常现象。这个诚意的状态首先要立住，接下来相应的解决方案才会变得有力量。

　　每一个教练对象防御背后的不安全感不太一样，教练采取的应对方法也不一样。但是，只有一个原则，就是共情。例如，教练自述也曾经如此不堪，又是怎样获得了力量。如果不能拿自己举例，也要讲一个对方特别崇拜的人的例子。其实那些人面临的问题比教练对象现在担心和害怕的问题还要严重，但并没有影响包括教练对象在内的人对他们的尊重。这会让教练对象减轻那个不安全感。通常内心的不安全感都是来自一种假设，事实上，这种假设从来没有被教练对象实践和正视过。

　　教练引发这个话题的方式是一种艺术，不好言传。在什么时机、什么情境下引到这样的话题，需要教练具有很强的洞察力。教练对象可能会露出微笑，身体从紧绷变为放松。你可以尝试在这个放松和教练议题之间建立一些管道，不断地激发教练对象内心的勇敢和进一步的开放。教练对象一旦从这个管道里看见教练议题的症结，会推动他用更大的信心去打开自己。然后，他会视症结为一种资源，跟你探讨的频率和深度会逐渐增加。教练对象症结解除得越多，解决当下焦点问题获得的内心动力越大。他会开始主动跟你聊起那些脆弱的细节，因为那个盖子打开之后，他觉得教练过程不仅没有那么可怕，还确实帮到了他。他觉得对面那个教练是值得信赖的。此刻，诉说反而变成一种美好的体验，带有一种轻松感。这是个标志，是个荣誉时刻。

通过第一次对防御机制的突破，你和教练对象之间的信任将大幅提升。这为推动教练进程打下了至关重要的基础。这个时候就值得庆祝一下，去赞叹对方的突破。这个突破不仅影响了当下教练议题的解决，更重要的是影响了教练对象本人的人生，意味着他走向了深度的自我发现之旅。通过对突破做一次确认，把这个能量打包，完成一次深度赋能。此时，制定新的教练节奏，也会更加准确有力。还可以适当调整教练系统，因为教练对象对你的信任度大幅增加，他会主动提出让教练介入系统里面的相关资源。这是对教练的鼓舞，也是对教练职业素养的一次考验。

006

恐惧

词　解

恐惧往往来自不了解和不确定性。恐惧本身没有什么值得害怕和担忧的。恐惧是人性中的一个基本存在，要正视这一点。关键是如何正确地辨识它、使用它。如果你回避恐惧，它就会变成一个绝对的负能量，导致事情不能得到正解，或者会导致自我欺骗，有意扭曲事实，最终被恐惧控制。

教练关系中，教练的恐惧通常会表现在以下几个方面。

教练关系开始前，教练比较容易生成对教练关系是否能够缔结的恐惧。教练关系进行中，由于作为教练对象的企业家常常显示出权威感和掌控感，会给教练带来无形的压迫和刺激，让他担心不能有效地和教练对象共生出真正切实有效的教练方法和进程，也是对自己专业能力不够的一种恐惧。这种恐惧会使教练产生一种讨好或过度妥协的行为，让渡专业权威，导致教练进程实际受阻。还有一种恐惧表现为怕教练周期结束太早，不知道能不能把教练对象适时送出。

对于这样的心理现象，教练应该生出一份觉察心：为什么这种恐惧会来到我的心里？如何让这样的恐惧变成一种坦然的状态？坦然就意味着压力解除，能更加真实地看待事实的真相和关系的走向。自我问询是否偏离了教练信念，要问自己此刻是不是自我利益的诉求大过了对教练对象价值贡献的愿望。

其实教练对象也一直有恐惧，特别是一些有成就的企业家，他们恐惧的是自己在教练关系中的角色。这意味着他要开放更多的内在自我，回溯更多的过往，展现人格里的脆弱、一些看似不能言说的隐私，以及诸多来自内心的艰难。这是个巨大的挑战，会让他产生恐惧。

当然，教练关系一旦开始，教练一方就有责任引导教练对象认识恐惧的本质，以及在这个议题中如何善用，从而保护教练对象的内心，实现共同的目标。

企业家作为一个习惯了权威角色的人，要向他人打开自己的内心、说出自己的焦虑和困惑，这本身就是一个挑战。原来没有向任何人披露过的秘密，需要向另一个人坦露，这意味着一种交付和信任。事实上，企业家会在打开自我之前，讲一些自己比较有成就的地方，进行自我肯定，这是一种对不安全感的防御表现；或者虽然从自己的问题谈起，但一带而过，马上就对周边各种关系进行指责和抱怨，比如说其他人跟不上他的步伐、不理解他、让他很辛苦，等等；又或者，直接以挑战教练的方式来隐藏自己的不安全感，比如说质疑教练的资格，表示对教练职业的不屑，觉得自己很懂。

而教练不得到企业家的邀请，很难看见问题的实相。所以，一开始教练就要为企业家营造出一个安全的场域，让企业家觉得好像是对着另一个自己说话一样。从一些比较小的可以接受的话题开始，逐渐深入，慢慢让企业家打开心门，靠近自己内心艰难的部分。更重要的是教练所拥有的一种气息，比如说教练在现场呈现给对方的那种高度的专注和倾听的状态。教练其实要让自己处于一个深切的安定的状态，这样才有可能让企业家的不安全感降到最低。

门一打开，这种不安全感的角落其实是比较清晰的，很容易被发现。教练要感谢企业家把他的不安全感呈现给你。只有这个时刻，你和企业家才可能共同发现开关在哪里，把这个角落照亮，让企业家能够坦然面对。

问　答

问：在教练关系的各个阶段，教练与教练对象双方都可能出现恐惧，怎样善用这个恐惧呢？

答：恐惧本身并不可怕，关键是要识别它，才能善用。之所以说恐惧并不可怕，是因为这是人之常情，你在意这个事才会恐惧。如果有觉察力，你知道你在恐惧，那你就会去检讨这个恐惧的背后是什么。通常人恐惧的时候是处在一种无明状态，不了解自己在恐惧，会陷进去。如果心怀诚意，恐惧就变成一种警醒，让你恭敬谨慎。这就变成了一种正向的、积极的能量。

问：就是因为你太投入、太认真、太专注于对方，所以才形成一种怕自己服务不好的恐惧和担忧，要意识到这一层。

答：你可以把它转化为惭愧，就是说自己做得还不够。不够是看见了未来可以提升的空间，而不是盯着做得不好的地方，只是害怕。恐惧是没有看见希望，对未来没把握。惭愧心会让你变得更加本分，更加切实，更加细致地检讨你正在做的工作。这就谈得上善用了。基础是你要对这种恐惧有了解，这个本身比使用恐惧更有挑战。

问：作为教练对象的企业家的不安全感一般来自什么地方呢？

答：不安全感往往是企业家自然人格和职业人格冲突的根源。这种恐惧层层叠叠，可能来自家庭，来自自己小时候生长的环境，以及在积累财富的过程中经历的压力和艰难给内心造成的创伤。这些是藏在自然人格深处的一些伤疤，缺少机会抚平。这些不安全感曾经扮演过他成长的动力，等他财富达到相当规模的时候，反过来又会成为一种障碍和阻力，譬如，不能以平和的心境看待财富及高层管理人员、合作伙伴、家族成员等利益相关者。特别是企业领导交接班、企业遇到危机、重大突破性项目实施、企业并购后的协同、企业转型升级这五大关键时刻，充满了强烈的不确定性，企业家自然人格深处的不安全感就容易被唤醒。那些一直潜伏着的老虎就会腾空而起，企业家容易表现出焦躁、不安、困惑、无力、冲动，有一种隐隐的失控感，而自己又不愿意承认。他需要一个懂得他当下脆弱和焦躁的人。他并不缺少处理这些问题的能力，而是他的心性受到了打扰，不安全感成了他前行的障碍。他本来可以端起这把枪，但老虎一跃而起时的叫声让他慌了神儿。这正是教练能够奉献价值的关键时刻，教练应该高度珍惜。

问：教练如何克服教练关系中的恐惧？

答：教练担心不能缔结教练关系，担心失去教练的权威
感，担心这个教练周期不能延续，这些都是教练考虑
自己过多而带来的恐惧。当教练一心想着教练对象的
价值发现，其专业能力会自动澎湃而起，教练自然就
会有光芒。这是为教练职业找回尊严的根本之道，也
是解决恐惧的根本之道。

问：教练对象如何应对教练过程中开放内在自我的恐惧？

答：应对的方法是不断问自己：我对自我成长是不是已经
足够满意？我的人生是否圆满了？而不仅仅是针对目
前面临的这个议题。第一次见面的时候教练对象就可
以坦率地和教练交换这个意见，说出自己的真实想法，
看看教练是否能够给你一种真实的呵护、一种关切、
一种支持，看看这个教练是否对你内心的恐惧有应对
的策略，这也是评估教练适配性的方法。如此一来，
恐惧就会转变为一种积极的力量，让你保持开放的心
态，同时选对陪伴者。实际上教练价值最后的实现，
与教练对象对恐惧的认知及破解有着直接的关系。

007

超越

词　解

除了在教练关系中扮演陪伴者、支持者、某个时刻的引领者、启发者，教练还要有一份自觉，要对这个角色和关系有超越的心态。超越不是僭越，不是冒犯，不是简单的对边界的破坏，而是一种上升。教练要时刻记得"见来求者，为善师想"，认识到这是一个完善自己的机会，自己也是一名学习者，因为扮演教练对象的那个人随时可以打开更多的新世界，让你发挥创造力和他去看你不曾看到的企业家内心的壮丽风景。这个认知就是一份超越。这是在心理上对身份意识的超越。

教练关系是两个人内心的对话、两个人内心的交融、彼此的开放。你不能将教练关系仅仅视为一门生意、一份交易、一份商务合同，而是要视为一种信任关系的缔结，一种走进对方内心的特权。唯有如此，你才有可能和对方创造真正的伙伴关系，推进对方的自我发现之旅，才能够真正破解教练议题，创造教练价值。

无论教练在教练实践中取得过多少肯定、多少荣誉、多少来自教练对象的嘉许，不管供自己前行的火把点燃过多少次，都要超越这个具象的成果，都要觉得这是供自己实现更大目标、进入更高境界、服务更多人、创造更多价值的起点，是照亮前程的灯光。这也是我们说教练要常怀惭愧心的原因。不停留、不满足，不仅是一个教练行为的提升，还是一种人生境界的跃进，是在自我修行道路上的前行。

问　答

问：超越与守住教练的本分之间是怎样的关系？过度追求超越，会不会忽视了教练关系原本就是一个商业契约的现实关系？

答：教练关系的商业性质没有被忽视或者否认。但教练关系不仅仅是商业契约，所以称之为超越。

问：所以超越首先是肯定，然后在这个之上还有更高层次的关系？

答：对。所以它恰恰是让教练的本分圆满的保障，如果没有超越，你就守不住这个本分。没有超越，你就做不到诚意。我们没有否认你跟他的契约关系，但是你自己的内心不能停留在这里。我们说的本分是指诚意。

问：当教练自己没有做到超越的时候，靠什么来了解自己的状态或者所处阶段？

答：这时通常会有一系列的问题和障碍出现，比如很难达到教练时刻，你的这种美好的时刻会比较少，教练对象也不那么满意。你始终要带着一份自觉。超越是走向教练时刻的一个阶梯。

008
开放

词　解

教练的开放讲的是一种心态。

严格来说，只有不好的教练，没有不好的教练对象。开放的第一个含义，指的就是对教练对象不挑剔。只存在教练现在的作业时间、精力分配是否可以满足教练对象，是不是有更合适的教练去匹配他，并不存在某个人不具备被教练的能力。

教练给教练对象提供相关资源时，心态要开放。你可以根据不同的议题、不同的教练时点、不同的教练周期，提供更多相关的教练资源，进入教练系统，并视之为一种动力，教练可以与咨询顾问、培训师、心理咨询师这些准同行形成合力，共同为教练对象服务。如果你不是持开放的心态，你就会挑剔、抱怨、推诿，这样会给教练对象带来困扰。这不符合教练伦理。

　　教练要处于引发者的位置。你希望教练对象向你开放内心更多的部分，那你自己首先要让内心更开放，要让教练对象看见教练本人是一个具有开放心态的人。这在客观上对教练对象是一种引发和带动，不至于让教练对象因为一直处于被观察的境地而升起防备心，走走退退。

　　对教练成果的评估要持开放态度。开放态度就是要接纳，但接纳并不意味着不反思。接纳是让你更平静地看见这个评估背后代表了什么，更理性地去检视这里面的缺失和有突破的地方——还有哪些地方没有顾及，哪些地方做得不够完美。如果你不够开放，你就会把问题都推到教练对象身上，指责教练对象不配合，最终，教练自身向前的可能性也会因之消失。

问　答

问：开放的心态有多重要？开放属于诚意中笃定相信、深度谦卑、全然交付、无限专注四个内涵中的哪一个？

答：属于相信和交付。开放是共生关系的必要准备，如果没有开放，则无法共生。教练的开放，就像开放词条里讲的，它有非常强的示范效应。你说和不说，你的态度都在影响着教练对象。如果你是开放的，也会引发教练对象的开放，而教练对象的开放是教练质量的基本保障。开放的程度深就意味着教练对象呈现的事实更多，你看见的角度就会更多。关键是你怎样才能做到开放。这在实际教练过程中是有挑战的，所以要有相信和交付的心，相信教练对象在你的陪伴和启发下可以开放内心，教练自己也要全力以赴，开放所有资源。

009

欺骗

词　解

　　欺骗这个词在教练关系里提出来会有点突兀，在教练关系里怎么会有欺骗呢？但实际情况是，不管是欺骗对方，还是自我欺骗的行为，在教练关系里经常发生。原因是教练关系牵涉两个成年人之间内心的沟通，意味着将会有太多的不堪、艰难和纠结。双方在建立教练关系的初期，其实都挺艰难的。

　　尤其在企业领导交接班、企业遇到危机、重大突破性项目实施、企业并购后的协同、企业转型升级等重大时刻，都会有牵涉人心的变动，牵扯到职位的转换、利益的分割，而且是骤然发生的。每个人的脆弱和内心的欲望会突然爆发，可能大家都在表演，但内心都知道自己要什么，怕自己的利益受到损害。企业家是整个事件的主轴、核心控制者，集万千艰难于一身。企业家要拥有自我检讨的能力，坦陈自己的障碍和问题，这样才能够赢得利益相关者的接纳和认同，从而对整个局面有正向的推动。但是，人性有自身的规律，越是在这样的时候人越想维护自己的形象，甚至以过去的歌舞升平掩盖事实，而且一开始自己也知道是掩盖，但是时间久了，连自己都忘了那是掩盖，也信以为真了。掩耳盗铃，是因为力量不够。教练对象的这种欺骗行为，其实既欺骗了自己，又欺骗了教练，当然也会打乱教练节奏。

教练必须撕破欺骗的面纱，这也是教练的责任和义务，因为这是教练必须帮企业家穿越的屏障。教练要无所畏惧，让企业家回到真实状态，赢得解决问题的时机。教练的勇敢来自无私，来自相信企业家终会明白这一点。

对教练来说，每一次做教练笔记，都要直面自己，不要以假代真、以次充好，这样做阶段性评估的时候才能更加准确。但是在实际的教练实践中，确实会发现一些现象，比如连续三次教练进展都不是很顺利，没有明显的教练成果，教练会懊恼，会有自我否定感。为了掩盖这种沮丧和挫败感，教练就容易产生自我欺骗行为。这种自我欺骗行为是不拿自己开刀，而掩盖脆弱只会让自己更脆弱。教练要明白教练周期内的几个阶段有起伏是正常的，正视问题，恰恰对下一步有帮助。

如果教练连这一关都过不了，就无法进阶。教练就是帮别人不断发现真相的人，如果我们自己经常自欺欺人，掩盖真相，这怎么能行呢？更何况掩盖是徒劳的，因为你对面的企业家是极其优秀的人，最终那些欺骗都会被识破。

问　答

问：对于教练来说，欺骗这个词确实有些突兀。用欺骗这个词好不好呢？

答：教练对象对你的信任度还不够的时候，有意隐藏很多问题，这其实就是欺骗，更多的是不自觉的自我欺骗；教练也有这样的行为，尤其是在对教练进程有要求的情况下。

问：这里欺骗的性质怎么认定呢？

答：欺骗意味着撒谎。没有触及事实，无论如何对结果都会产生负面影响，不利于问题的解决，会影响效率和节奏，甚至会误导教练方向。提出这个词，就是为了让教练有高度的觉察，要了解，要正视。教练应该有这个能力识破，并且有以教练方式点破这个问题的方法。

问：这个有点难。

答：事实上，洞察欺骗根源往往是一个新的教练突破口，能说明教练对象的问题在哪儿。为什么这个地方他要自我欺骗？说明这是他脆弱的地方、自认为不太好的地方。你就在这个地方追下去，往往问题就在那儿，让问题暴露，答案就出来了。就好像一座桥明明看上去什么都是好的，为什么就没人敢过呢？这里面一定有个欺骗行为，隐藏的一定是最脆弱的地方，你把最脆弱的地方找出来，这座桥的隐患就找到了，解决了这个隐患就解决了这座桥如何通行的问题。

问：你发现不了，你就会被误导。

答：这也是我们谈这个词条的意义。教练首先要知道在教练关系里存在这个行为，不能认为教练对象说的都是事实。当然，你不能指责教练对象不信任你，作为教练，你要用自己的方法让他慢慢建立对你的信任。这是你的能力，也是责任。

问： 教练面对这种情况，是马上识破他，还是继续用教练的
方式让他自己认识到？

答： 教练可以问出来。教练问他的时候，通常教练对象并
不认为自己有意进行这个欺骗行为，但是出于各种各
样的原因，他特别怕触及某类问题。那些恐惧隐藏在
他内心，心性不自觉地就被夺走了。他是下意识的，
难点就在这儿。

问： 这个欺骗，大部分人是下意识的，还是故意的？

答： 前期故意的欺骗行为还是会有的，因为信任关系还很
薄弱；到后来，问题越深入、越严峻，下意识的成分
越多。

问： 要对教练对象笃定相信，可事实上对方又有很多欺骗行
为，这个怎么把握？

答： 笃定相信，是在教练关系中持续保持的底层心态。你
相信经由教练工作，教练对象终会把他的自我欺骗和
对你的欺骗行为放下，向你打开，要对他有这个相
信。你如果没有这个信念，就无法往前走了。这个信
念推动着你积极运用你的教练艺术，不断破解这一困

难。这其实也是教练对象需要你的帮助的原因之一。

　　你直接告诉他是没有意义的，他得体验到。欺骗实际上是个包袱，教练对象以为这样藏住对他来说是保护，实际上很沉重。跟教练谈明白以后，他发现这只是他自己的一个假设，放下之后自己反倒更有力量了。教练对象也会因此而更加尊重你。这就是教练的价值。

010

障碍

词　解

　　教练关系中的障碍更多地来自内心，如果双方对教练关系、教练议题及教练周期没有达成共识，就容易产生一些障碍。比如教练对象可能会觉得，谈了三五次，好像也没有什么新的发现，对问题的解决好像也没有太多的帮助，这就是障碍。

　　即使做了这些前提工作，也很难避免在教练进程中不断生出新的障碍。随着教练关系的不断加深，可能有一些东西会淡化、模糊或被有意搁置，有一些东西则被省略，以为这样会提高效率。事实上，有时这样做反而容易构成障碍。比如说边界模糊，涉入一些相对不太相关的隐私部分，超越了教练的本分，一旦教练对象意识到，他就会非常警觉，会有极强的不安全感，严重的可能会终止教练关系，这就是巨大的障碍了。

障碍还来自彼此的自我保护，对自己的利益考量过多，诚意被慢慢稀释，能量交互的质量越来越差。当然，教练会有一些相关手段，譬如，通过持续觉察、直心相告、做教练笔记等方式，或通过阶段性的温习、评估，这些都可以对跨越障碍提供有效的帮助。

此外，要明白教练关系不可能是完美无瑕的，出现障碍是正常的，正好为我们寻找新的成长空间和弥补自己的相关缺失提供了机会，所以不用过于担忧。这才是看待教练关系中的障碍的正确态度。

问 答

问：教练关系当中最大的障碍是什么？哪些是最难逾越的障碍？怎么解决？

答：信任。教练对象对教练的信任障碍是最难逾越的，它会首先被碰到，也最难逾越。从怀疑到逐渐信任，再到更加信任，伴随整个教练进程。信任度决定了教练对象事实的呈现、内心的打开程度，而这些都关乎对路径的寻找、对关键症结的发现，以靠近答案。

怎样才能增进信任？首先是在缔结教练关系的时

候要充分沟通。教练关系是充满情感弹性的关系，必须由信任作为桥梁才能尽快抵达。但这还是不能解决在事实上的疑问，所以真正有力量的做法还得是通过一两个议题中问题的向前突破，不断让教练对象体验到给予信任对问题破解的帮助。他的体验越好、打开度越高，信任的递进就越有可能。这个障碍是最大也最持久的，需要教练始终都保持着高度的警觉。

011

谦卑

词　解

　　谦卑指向教练原点，是诚意特别重要的组成部分，和相信、交付、专注这几个词是平级的。谦卑是交付的基础。谦卑意味着你会有恭敬心，意味着你会尊重对方，意味着你会提出有效的问题。如果没有谦卑，你会抑制不住给出意见，说出自己的主张。只有谦卑才会让你尽可能地让渡空间，让教练对象去陈述，你也才有真正倾听的可能。

　　谦卑还会使教练在现场更为平静。如果没有谦卑，你就会有强烈的分别心，影响接纳；如果没有谦卑，你会对教练对象对你是否尊重很敏感，面对一些可能产生的障碍或者冲突时，你会更强调自己的立场，很容易忘记教练关系的主体是教练对象；如果没有谦卑，我们讲的立于退尺之地，评估中权威的让渡，对自己的问题的真实检讨，都很难变成现实。

　　教练谦卑的姿态，很容易让教练对象在教练关系中找到肯定感，有足够的意愿和能力去打开内心，暴露更多有效事实，而这是通往教练价值实现的必经之路，所以教练的谦卑在教练关系中是不可或缺的。

问　答

问：教练要在教练对象面前建立一种权威感，尤其是企业家教练，可是谦卑会不会对评判教练价值的贡献形成一种障碍呢？我们不是有词条是讲平等吗？

答：唯有谦卑才是真正意义上的平等，没有谦卑就无法理解真正意义上的平等。我在"平等"词条的问答里讲得非常细致。你面对喜马拉雅山，或者面对一位德高望重的长者，五体投地拜下去的时候，你是谦卑的，但是唯有这个时刻你会跟他构成真正意义上的平等。因为你们会到一个共同的地方，那共同的地方就是共同拥有的自性。那是真正意义上的平等，不是表面的平等。

问：谦卑是一个路径，是为了最终达到两个人真正的平等。

答：我们反复讲过，作为教练对象的企业家走到你眼前的那一刻，他已经有点儿心理障碍了，这对他来说是一个挑战。他是习惯发出指令的人，现在突然改变了一个身份，他要求助于另一个人，这对他来说是不习惯的，意味着他在某个方面是有不足的。通过你的谦卑，让他找回"我能"的感觉，这就是教练最重要的价值。要让教练对象觉得这个问题可以解决，而且答案就在他那里。至于最后教练对象怎样认知你的价值，不是靠你声称自己是大师或者专家，而是看他最后的感受是什么，他有没有获得突破。这个谁也代替不了，只有他本人知道。

问：怎么平衡谦卑和权威？

答：谦卑是一种态度。要能够让教练对象按照双方共识达成的路径往前走，他不往前走，你的权威就不成立。谦卑是一种口吻，你怎样邀请他走这个路，很重要。态度会影响你的沟通方式和提问方式，当然这也直接影响到教练对象对你的反应。这是一种底层态度，它恰恰是你构建真实权威的基础。

问：怎样做到真正的谦卑呢？真正的谦卑来自哪里？

答：真正的谦卑来自利他之心，以及内心"见来求者，为善师想"的观念。虽然表象上教练对象在特定的议题上有求于你，希望你能够支持他，但是你有没有想到这个来求者也是你的老师？他的洞见、他的勇敢、他的坦荡，这些光辉你能不能借到？事实上，他只是被某一种东西在某个特殊阶段给障蔽了，他需要你的支持，答案其实依然在他手里。你如果有这样的认识，当然会谦卑，这也关系到你对教练这个职业的认识。

012
本分

词　解

本分有究竟意义和日常口语所说的区别。究竟意义上的本分是指一个人的天命。本分是归根复命，是止于至善。守住本分就是广修供养。日常口语中，本分是指被定义身份的职责范围。守住本分就是恪守职责、全力以赴，不多余，也没有遗漏。

现实中，教练的本分通常基于教练和教练对象的约定。本分是这个角色应该担当的责任。本分也是一种自觉，是对责任的理解。

守住本分和交付并不矛盾。交付才能引发对方交付，否则就无法共生，教练效果就会大打折扣。全然交付就是教练的本分。从某种意义上来说，全然交付是复归天命的路径，只有这样才能抵达自己的本分，和自己在一起。

教练对象也只有交付才能从教练关系中获得更多，审视和挑剔只会转移焦点，拖延效果的达成。教练对象在缔结教练契约之前可以充分考察教练，一旦缔结契约，就要选择信任和交付，只有这样，双方的共生才能尽快达成，也才会敦促教练时时守住本分。

问　答

问：帮教练对象找到问题的本质的过程，其实就是在尽本分，对吧？

答：教练进程就是对方发现、靠近并找到答案的过程。你可以认为答案是双方互相交付的结果。答案找到了，也就是尽到了教练的本分。本分就应该是这样的，引动对方全方位在现场，看见他原本看不见的现实。

013

伙伴

词　解

教练关系是一种伙伴关系。教练是坐在教练对象面前的思考伙伴。

伙伴有平等、相互支持、懂得和信任的含义。伙伴是亲密、融洽、方向一致、陪伴你的人。教练不是毕其功于一役的顾问，教练关系是随着时间变化互相呼应的关系。

教练这样看待和教练对象的关系，会给自己留出余地，在相处时会更轻松一些，关系会显得更有活力；也意味着这是周期性的相对持久的关系，因为教练对象的心境会随着环境变化而出现诸多变动，需要教练陪伴以完成调整和梳理。

当然，现实中教练对象不一定这样看待教练关系，他也许更多地强调教练的引领作用。因此，对于教练对象的期待，需要在教练关系缔结之初就进行约定，要充分沟通，找出教练的工作方式和边界。

　　能引发对方拥有自我教练的能力是最终的教练目标，但实际情况不会那么轻松，会遇到巨大挑战。教练要用伙伴的心态和视角来看待教练关系。但是，在今天的中国，对于作为教练对象的企业家来说，教练自身的确还需要同时具备顾问和导师的综合能力。

问　答

问：教练认为自己和教练对象之间是伙伴关系，但是对方付了钱，自然会向你索取答案，认为和你之间是委托关系。这个有矛盾吗？

答：其实这两个角度的关系都存在，教练是有受托责任的。你对伙伴要有责任感，虽然和教练对象以市场方式签订了契约，但是教练在心态上要视对方为伙伴，因为这是一个共同向前的旅程，少了谁都不完满。如果缺少了互相支持，双方都会拖后腿，这是相辅相成的过程。实际上在过程中，教练一定要自觉地向教练对象学习，要视他为支持你的人、你自我成长的伙伴。

问： 这是互相学习的过程，因为企业家本身充满智慧，要善于
　　 在他身上发现优点，还要主动把这个优点变成你的能力。

答： 是的，这个时候你自然而然会感谢对方，你们的伙伴
　　 关系也更可持续。伙伴是平等的关系，只有带着平等
　　 的心，你才不会讨好，也不会带有训教口吻。伙伴也
　　 意味着尊重，这点我们后面会专门谈到。没有伙伴心
　　 态，遇到挫折，你就会抱怨。伙伴关系会让人有共同
　　 面对的感觉。

014

惭愧

词　解

惭愧是精进的心理准备，是推动你持续向前的引擎。惭愧是一种提醒，是检视教练进程时应有的基本心理，会让你看见那些自己做得还不够的地方。这样，你才不会满足。

惭愧的基础是对教练对象有足够的诚意，以及对教练事业本身有诚意。

保持惭愧心可以让你没有疲惫感，可以保持住升起的愿力，不懈怠。惭愧心让你检讨，自己能否经由对教练对象的陪伴而实际赋能于他。

要始终觉得自己还可以做得更好，甚至要把自认为做得不好的部分视为一种耻辱，这样就会暗示自己要更专注、更深入，和教练对象达成新成果的愿力就会更大。

要反复追问自己是否真的要走这条路，是否愿意让教练对象尽快摆脱烦恼。唯有如此，教练的能力才会提升，方法才会臻于娴熟。

教练对象一直和你在一起，如果你有惭愧心，他会敏感地察觉到。你的旺盛和紧凑的状态，会激发对方和你同频，会配合得更好。这会让教练关系饱满，会有比较符合事实的教练周期。

问　答

问：怎样更好地来理解惭愧呢？

答：惭愧是一种正面积极的状态，是一种正能量，会让你对自我有更高的要求，不断自我检讨。有惭愧心你才可能真正向前，才可能无所畏惧。更重要的是，常怀惭愧心会让你对本分、谦卑的心态保持一种高度的自觉，恭敬谨慎，避免做出一些超越规矩的事情。惭愧对你的内心是一种呵护，持之以久，也会被教练对象感受到，从而对你生出更大的尊重和信任。教练对象感受到他的教练一直在前行，对教练对象自己也是一种无形的提醒，会引动他在整个教练过程中更加投入和认真。

问： 其他的教练图书提到过这个词吗？

答： 我自己没有发现。惭愧也是一个能让你保持正念、自
我清洁的办法。有惭愧心，妄念就难以进入你内心，
你会直面真实的问题。惭愧心是一种很深切的心理，
不是一种轻描淡写的情绪。

问： 这对教练的自我要求很高，会不会让人生出畏难心？

答： 如果没有惭愧心，实际的教练过程中遇到的障碍会
更多。

问： 谈教练修养，是否需要分得那么细，本质上是差不多的吧？

答： 不分这么细更加难以说清，就会变成泛泛而谈。

问： 有没有其他的教练图书讨论过类似的基础性词汇？

答： 教练行业本身的历史不长，现在的教练行业又以不同
的标准进行分类，有许多不同的命名。我想讨论的是
基于自己近20年的教练实践的个人心得和总结。词
条是我觉得可以比较好地进行基础性阐述的形式，问
答是对这些基础词汇的深入解析。

015
特权

词　解

教练离教练对象很近，可以看见对方的脆弱和私人信息。教练要把这视为一种特权，而不是普通的商业关系，需要有高度的职业道德和强烈的教练本分意识。

这种特权也可能给教练对象和自己带来伤害。比如说，教练如果未经对方同意，使用了约定的保密信息，就会引起对方的愤怒，不仅教练关系可能破裂，还会影响教练生涯的声誉和继续执业的可能。

特权是一种信任、一种约定。教练身份特殊，必须警觉这样的特权，要时时有感恩的心。教练对象给了你进入他内心的机会，这是教练的荣耀，也给你提供了磨炼自己成为合格教练的机会。

只有视这机会为特权，你才会严肃谨慎地对待，才会付出足够的诚意，也才会对教练本分和边界有充分的敏感和自觉。

问　答

问：你说特权也是一种信任、一种约定。约定好了，你就有特权进入他的内心，是吗？

答：如果对方不向你打开内心，你是帮不到他的。一个成熟的成年人，谁会把内心轻易打开给你看？能进入对方的内心就是一种特权。但是你不能漠视这个特权，或者说太理所当然。这是职业的神圣性。如果你怀有这个初心，懂得这个道理，你做事的时候一定是不同的。你会格外地尊重和珍惜这份特权。教练如果没有把它当成一种特权，内心就不会真正恭敬，而是认为这是商业合同里包括的权利。而我们现在谈论的是一个教练的修养，是内心的部分。

问：要付出足够的诚意，你才会对得起这份特权。

答：事实上我经过反复的思考和实践发现，教练唯有如此才能接近那个共同约定的教练目标，真正的教练价值才能达成。

问: 就是说当你每件事都这么用心做的时候，你的教练价值
　　自然就高了。

答: 对，因为这个做不了假。这实际上是为了帮助自己不
　　断地成熟和接近圆满，而装假的结果会让你变得更加
　　不完整。

016

荣誉

词　解

　　荣誉，对一个专业工作者来说是特别重要的推动力，是对专业成就的肯定。在教练关系里面，教练最大的荣誉当然是来自教练对象的肯定和教练价值的最终实现。

　　经由教练的陪伴，教练对象每呈现出来一次豁然开朗和能量的增强，都是一次奖赏，不管教练对象是否有所表达，教练都应该将其视为荣誉。就像客观上你已经一次又一次加了油一样，不是为了别的，是为了你的车可以驾驶得更平稳，在旅程中你可以不疲惫。

　　如果没有这样一种荣誉意识，对专业的教练来说，一个动力就这样被你放弃了，这是很可惜的事情。荣誉对坚定职业信仰是非常有帮助的。

　　我想强调的是，荣誉不仅仅是别人加给你的，更多的是一份自我觉察和了解，是自我鼓舞的一个重要手段，也是保持职业尊严的内涵之一。

问 答

问：为什么荣誉的意识对于教练这个工作或者职业来讲特别重要呢？

答：我没有用"成功"这个词，是更强调心性，从阶段性成功这样一个事实，转为对意义的再发现。我为什么从事教练这个工作？它能贡献什么真实的价值吗？而带你从事实走向对意义的再发现，是对你从事这个职业最好的肯定，你会更有能力迎接职业生涯中不可避免要遇到的各种挫折，它是越过这些障碍很好的动力。我在词条里讲了，它是一次加油，对教练关系来说是一种加冕。

　　荣誉和骄傲不同。骄傲是一种虚妄。骄傲是夸张，是过分放大事实的本身，而荣誉里面含有一种对自我的要求，含有一份敬畏。如果我不能得到荣誉，就会觉得是自己的一种羞耻，是职业生涯中不能允许的。其实这是对自己非常高的要求，也是一种很低的姿态。作为服务者，我们更在意将服务对象的问题解决以后的欢悦。

　　这正是荣誉的力量，这会让我们走得更远。

017
余地

词　解

余地，是指无论对教练目标、周期、内容的边界，还是教练的具体手法，都留有空间。

有余地，就有弹性，给自己和对方进一步深入探讨提供可能性，生长出新的空间或视角，让解决问题的方案更具开放性。

有余地，会使双方相对放松，减少沟通时的紧张感。这种松弛恰恰容易让教练对象流露更多的真实信息，而不会产生过多的掩饰心理。对教练来说，留有余地，并不是说不要直心相告，而恰恰是为了更好地揭示实相。

有余地，全然交付的可能性才会增加。全然交付是态度，留有余地是方法，是为全然交付服务的。

有余地，会给教练对象更多的"我来决定"的感觉；

做得太满会让对方生出一种自我质疑，从而通过抵触或逃避来安抚自己的不安全感。

留有余地，不是逃避责任，而是趋近实质性目标的专业路径，所以，要在教练关系开始时对此做出充分约定。

问　答

问：有一个教练对象跟我谈及他的私人情感问题，我只能按照他告诉我的信息来问他，如果他不愿意回答我的问题，我就不追问他更多的细节。是不是应该这样？

答：不能一概地说还要不要继续问，你可能当下这一刻不问，有可能 20 分钟以后再问，或者在本次教练时间快结束的时候重复你的问题，因为你觉得时机到了，他提供了更多的信息给你，那个时候他可能愿意回答了。同样一个问题，教练需要检视自己在此前的谈话中是从哪一个层面提问的，也要检视自己在时机、节奏上有没有把握好。给教练对象一个情感的梳理空间，他那个时候确实没有力量，有一些东西过于沉重，如果回答了他可能会崩溃，你就不要再追问了。这就是余地，要等一等。

　　也许等沉淀到下一层问题的时候，你还没有问他，他就会主动回答你刚才提的问题。这也是对余地的一种理解，就是要有这个耐心，要允许教练对象延后回答你的问题。始终记住你是一个支持者，这就是你的价值。严格来说一旦进入教练进程，基本上就没有教练对象的错，你要不断反思问的时机、口吻、气息、时间点，你问这样的问题是不是超越了你们的信任关系。

　　教练过程中诸如此类的实践问题太多了，只能尽我们所能去挖掘，分享给业界，贡献给大家。

018
退尺

词　解

　　教练过程中，教练对象因为自尊降低或者觉得教练离其过近而感觉到不安全时，会不自觉地通过对教练发起攻击、挑战，甚至操纵教练来平衡自己。教练能做的是以虚待实，对方进一寸，教练要退一尺。

　　教练立于退尺之地，让对方尽可能有充分的空间来释放情绪。要后撤足够多，提供更大的退尺空间，以减轻对方的恐惧，不要与之粘连和对打。

　　"退尺之地"是最安全的地方。立于退尺之地可以让你有足够的时间和空间，更清楚地看见对方在哪里，哪些是对方最脆弱之处。你会把这些信息看得更清晰全面。对方常常处于情绪的障蔽之中，你退尺之后才可能发现真正的问题，以静制动，会让你解决问题更加精准，并颇为轻松。

所谓举重若轻正是如此。

　　这要求教练有足够的自觉和诚意，才能做到不慌张，从容后退。否则，一旦教练用专业词汇来提升自己的权威，双方的能量都会损耗，或者其中一方被对方控制。

　　退尺既是一种态度，也是一种路径。此时，双方恰恰会有一种"在一起"的感觉。

　　退尺不是分离，是教练关系脆弱时和对方建立有效联结的方法。立于退尺之地是一种功夫，需要教练长时间地存养才能把握住它。

问　答

问：立于退尺之地的基础是你笃定相信对方？

答：这是一个基础，也是智慧和态度。说它是智慧，是因为对方进一寸你退一尺，这是有一个倍数关系的。对方进了一寸你退了一尺，这是十倍。这个十倍的距离很关键。如果对方进一寸你退一寸，你还是容易受伤，对方仍然觉得不自由。

问：怎么理解进一寸和退一尺？这是指在哪一个环节上？

答：可能表现在各个环节。教练对象明明向你请教问题，但是他讲这个问题的时候，倾向于说这都是别人的问题。你也可以理解为他就是在不自觉地进击，通过表述这件事情来推卸自己的责任。

　　对你来说，所谓"进"就是上来就点明：其实这里面有你的问题。直面迎上去，这就是进击。你一定要让他把问题讲充分。比如对方停顿了一下，你看他已经不再思考了，你要问他：还有吗？关于这件事情还有其他的信息吗？

问：这句话是很重要的，因为每个人都怕遗漏信息，别人问你还有吗，你会先想一想。

答：诸如此类，你并没有表达什么观点，只是追问。人性天然倾向于自我保护。他遗漏那个信息通常指向他的问题，那恰恰就是问题的源头，也就是开关。这是教练的功夫。要把对方隐藏的信息、没有说完整的信息引导出来。当教练对象看到更完整的信息时，往往答案就已经出现了。你的作用只是这么一拉，把线头拽一拽，他自己就看见了。他就会说，这件事情原来是这样的。这个也叫退。不急于给答案也是一种退。你的任务是帮他联结起周边的信息。从形式上看你是在向后退，你并没有直接给予解答，更没有就他的问题进行辩论，而是给他尽可能多的空间让他讲完。他讲得越彻底，信息展示越完整，答案就越容易呈现。

问：如果我能判断清晰，对带着他寻找答案的过程胸有成竹，我就会很冷静地问他，因为我有信心带着他去找到答案。如果我心里对答案没有底，我就不敢了。这种情况你也会碰到吗？

答：其实这还是信念的问题，你不要说你真的不知道答案，你就是知道答案也要以不知的状态出现。

问：这个我知道，但是真的不知道你就心里没有底，你就会害怕。

答：你相信答案在他那里，你就不会害怕。唯一的方法就是让对方不断呈现更多的信息，其中包含你说的教练也不确定的东西。你向后退，留出足够的空间，让对方充分地展示。总而言之，当对方特别想表达，特别想掌握主动权时，你把这些都让给他，这个时候不需要太多提问；如果对方表现得很从容、很平静，那就要调动你的教练功夫来提问了。

问：核心问题是你真的认为对方心里有答案，而不是我一定要有答案才能帮到他，对吗？

答：对。

问：有恐惧感就会捍卫自己，担心别人不尊重自己。每个人遭遇挑战时，第一个反应就是迎击。

答：你得记住你现在是他的教练，现在对方挑战的不是教练这个人，而是你作为他的教练这个职业角色受到了挑战。你要提醒自己回到教练的身份上来回应。选择退让，也是指教练在职业角色上的退让。这个辨析很重要。

问：对，记住这一点很重要。

答：你把小我放下，保全教练的职业角色，这会跟教练的自然人格有一点冲突，要保持觉察。有些人会感觉受到了伤害，往往是因为区分不清楚这两个身份，把个体带到职业角色里来了。企业家教练的压力常常来源于对方是企业家，确实得做长时间存养的准备。你看起来很从容，实际上既要如履薄冰，又要充满惭愧心。我真是这样做的。有一次从教练现场回到办公室，我就一个人坐了一夜，直到天亮。那个心情是真实的，我在反思整个教练过程。

你既要在教练现场坚定、放松，又要常怀惭愧心，觉得自己做得不够。每一次都要像第一次那么认真对待，这对你的心力要求很高。中国现在暂时没有形成企业家教练这个群体也是正常的，因为企业家也是这四十年里才逐渐成长起来的，而目前学习做教练的人还都相对年轻。老一代退休的企业家又会觉得做教练的价值不大，我以前干那么大的事业，为什么要做教练呢？

问：所以也就不容易找到合格的企业家教练了。

答：这就是矛盾。现在这个市场中企业家教练相对空缺的原因就在于此。

019
节制

词　解

　　节制是一个全过程表现，是一种气质。节制还表现为对提问的频次和内容逻辑深入透彻的洞察。越是节制，越会使问题的症结尽早暴露。节制带来精准，而精准是使价值最大化的手段。节制也是彼此尊重的表现，是对时间最大限度的节省。节制是教练能够回归本分的手段。

　　教练容易出现这样两种情况：一种是把教练周期拉长，以把问题做透为名，收取更多的费用，这样会使教练进程拖沓，从长远来看，对教练关系有很大的伤害；另一种是确实在教练行为中创造过教练时刻，渴望重现这种经历，明明做得已经足够了还要向前，而不是指向问题的解决，容易被一种感觉和情绪带偏。

　　教练的目的并不是让教练对象长时间地黏着你，而是尽快以帮助对方养成行为习惯为指标，将教练对象送出教练周期。这才是教练价值真正落地。你在有效时间内将教练议题价值最大化的能力越强，越能证明你是一个优秀的教练。这个信念会影响节制的发生，为节制而节制会弄巧成拙。教练始终都要回到为何而出发这个原点。

问　答

问：节制是一种修养，是避免自己过犹不及的状态。但是怎么知道自己是处于节制当中，而不是投入不够呢？

答：还是要从诚意里面找，这些都要说回教练原点，以此为基础，你才能做到准确。因为你会相信答案在对方手里，你会在问题面前保持谦卑的姿态，这样不会过度，你会对边界比较敏感；因为交付，你全然利他，不会不投入；因为专注，你的洞察力就会强，你看待问题会很准确。没有这些修养，节制就会变成一个僵硬的动作，越做越失措，越做越惶恐，越做越不安，最终节制会成为一种障碍。

问：所以只有从这种意义上讲，教练才能称其为一种职业，要不然教练只是一种方法，对吗？

答：我们讲的是企业家教练的修养。我们面对的是企业
　　家，挑战性太大。我们并没有否认其他教练方式，并
　　不见得每个教练都拥有我们讲的这种修养，但这是一
　　个方向。

020
服务

词　解

　　无论怎样，我们都扮演着服务者的角色。有一次，我坐瑞士航空的航班，一个满头白发的老乘务员，非常认真地鞠躬90度，在乘客点菜时注视着他以示尊重，直至把饭菜点清楚，他和乘客确认没有其他问题，然后起身，对乘客表示感谢。我注意到下飞机的时候，不少人会主动向这个老者露出微笑。他使很多人迁善，把每个人内心积极正向的一面激发了出来，不但用食物，而且用一种服务的精神。这是多么大的贡献！他收获来自乘客的礼敬是自然而然的。这是多美好的场景！他对待每一个乘客都很认真，而且有效率，以便更多的乘客可以被他服务到。服务能唤醒别人内心的力量，能产生美好。这一刻，相信、谦卑、交付和专注，我们在他身上都看见了。

　　教练要以服务者为对象定义自己的身份，恭敬谨慎。教练对象来求问的时候，本身就已经有降低自尊的感觉，你怎样才能让他坦然面对呢？教练应该扮演一个专业的引发者角色，使教练对象生出更积极的能量。

　　不要只是天天在口头上谈这些概念，而是要去问：我现在奔赴教练现场，扮演的这个角色是服务者吗？如果你把这个问准确了，问平和了，你的状态就是平和的，你的能量就会是平稳的。这当然有利于教练价值的实现。

问　答

问：服务这个词条值得这么专门讨论吗？

答：服务是一种观念，也是一种认识。你怎么看待你的工作？如果你从一个服务者的角度来看待你自己，你比较容易守住或者说容易充分地开发你作为一个教练的价值。如果你不以服务者的心态进入，就很容易出现骄傲的情绪，容易过多地指导，教练对象的潜能很容易被掩蔽。我为什么要单独强调服务呢？因为很多人会把很熟悉的东西不当回事儿。服务的每一步，如果你不凝视，不经过深沉思考，不如履薄冰，不谨慎恭敬，在你面对企业家这个特殊群体的时候，一定会受到挑战，会显得很脆弱。教练建立规则也好，保持谦卑也好，目的只有一个，就是更好地给教练对象贡献价值。

021
交付

词　解

　　教练的交付是对教练关系的投入，在当下，全然把对方的一切视为自己的责任，是内心的交付。这种率先交付，会引发教练对象也处于交付的状态。对方的交付就是在教练过程中毫无保留地呈现，就是对你有足够的信任。教练进程是双方靠近和找到答案的过程，也是彼此交付的过程。答案是双方互相交付的结果。答案的呈现就是教练的交付物。

　　答案找到了，也就尽到了教练的本分。引动对方全方位在现场，呈现足够多的现实，看见他原本看不见的现实。这本来就是教练的职责。当然，本分里面会有一些边界，在这个意义上约定才会变得有意义。教练关系里面有一些基本约束，差之毫厘，谬以千里，你可能会给对方带来伤害。这个关系是辩证的，很微妙。

问　答

问：教练的交付是让教练对象自己找到问题的答案，还是最后教练还得给教练对象一份类似咨询公司提供的交付报告？

答：教练的交付是一种全身心投入，全身心对当下这个教练关系的投入，就是无我，就是在当下，全然把对方的一切视为自己的责任，是内心的交付，不是那个具象的交付物。

问：这个结果出来就是尽责，就是交付物。

答：对，这才是真正意义上的交付物。

022
愿力

词　解

　　教练在工作中，通常需要处理尖锐的关系议题，要让对方和自己一起靠近实际状况，尽可能理性平和地解决问题。这是个巨大的挑战。正确使用愿力可以很好地支持你的工作。

　　每次教练进程开始前，教练内心要发起深切的愿望：愿对方早一天经由自己的陪伴看清方向，早一天剥离被情绪障蔽的死角，早一天清明起来，早一天脱离各种纠缠带来的烦恼甚至折磨。

　　虔诚地发愿也可以让教练自己内心拥有安定感。愿力会让你不自私，诚意会自动呈现，成为现场看不见的力量。有过体验就知道，这绝非虚无缥缈。愿力可以立即化解你的焦虑情绪。

发愿也是一种通道，让你进入真实的现场。愿力让现场的信息始终真实，教练可以做到真实倾听。

发愿可以剥离你的小我，更真实地成全对方，身上心里都是这样的信息，对方见了你，自然会有亲切感。

当然，你能升起愿力，是你有感恩对方的心。感恩对方信任你、成全了你。

要问一问，你自己关于教练的信念是不是这样的：最好的老师是自己；最好的教练是尽早把教练对象内在唤醒的那个人。这个认知也是你升起愿力的重要支撑。

问　答

问：我的理解中，教练的愿力是成全教练对象，从对方的角度出发，愿意帮助别人的心。这是愿力的本质，对吗？

答：是的，从内心深处衷心地祝福，但愿他现在向我求解的教练议题能够尽快解决。心念的力量很大，是因为你发愿的时候很干净、很深切。这是你内心的声音。每一次教练行为之前我都会这样做。

问：发愿是愿力的源泉？

答：发愿的力量很强大，有过体验就会相信。当然这是教练的自我修养，没有必要过分要求教练对象。世间的事情是相互的，你想要得到什么，一定要先给予，先发愿让对方好，这个时候能量就会回到自己身上。长期发愿也是保持你能量的重要来源，可以让教练持续保持在高能量状态，也会引动你把焦点始终放在对方身上。经常做这个练习是特别有意义的，对人格完善也特别有帮助。电影《冈仁波齐》看过没有？

问：我看了介绍就很感动。

答：电影表达得很平静，但很有力量。

问：我本来不理解他们为什么这么虔诚地一步三叩首，看了之后才知道是心里的一种愿力。当他有这种愿力的时候，他是很幸福的。

答：我相信张杨导演做这个电影的时候也发了巨大的愿，否则做不完整这个事情。让很多没有当过演员的人进入镜头，还能那么从容，张杨一定带给他们一种真实的感受，就是他跟他们是一体的，也是一个朝圣的人。我相信张杨拍这个电影的过程，对他自己来说也是一次朝圣之旅。

问：所以力量无比巨大。

答：你看了电影就知道什么叫真实的力量、平静的力量。

问：我一直有成全别人的心，但是我不会用愿力这个词。比如说我带过一个私董会小组，最初是毫无准备的，最后我是被他们的诚恳感动的。我觉得人活着不就是为了帮助别人吗？别人有难，对我那么信任，希望我能帮助他们，所以那个当下我就接受了。

答：你没有觉得这就是愿力的感召吗？他们一开始发了愿，听过你的演讲，然后他们在一块商议，"我们一定要请王佳芬老师来做我们的教练"。这是心愿，这个强烈的心愿就会引出接下来你看到的现象：集体诚恳地请求。

问：我现在还能感受到他们对我的尊重、他们的珍惜。

答：就是因为他们有心愿，心愿就会生出诚意，诚意就会打动你，就会感召你，感召你对他们也发出同样的愿力，这就是回向的力量。最终受益者是这个小组的组员们。他们发的愿，力量从你那里反弹回去给到他们，这就是愿力。在教练行为中是一模一样的关系，如果你对教练对象有这个愿力，教练对象就能够跟你的感受一样，因为他对你也会是那个感受，然后响应你，跟你配合得会更好，关系会越来越融洽，开放度越来越高，教练进程也就会更顺利。这个世界始终是一来一往的，高低相倾，当你的心思在对方身上的时候，最终他返给你的正好你也能收到。

问：这两天我一直跟你交流，越交流我越觉得我这两年没有进入教练状态，尽管我还在努力希望自己进入，但是今天我感觉自己离标准差太多了。

答：但是你过去两年在领导力教练当中表现很突出，原因还是在于你个人人格的力量，他们选择了相信你，你确实在过程中对每个人都付出了足够的诚意，这就弥补了许多不足。他们觉得能有这些收获也很值得了。是你对自己有要求，想不断突破和进步，所以你才会觉得自己做得不够。

023

接纳

词　解

　　作为职业教练，谁都想经历较多的教练时刻，谁都想不断去践行一场又一场接近完美的教练旅程，完成一个又一个自己职业生涯中的骄傲案例。但事实上，不论我们拥有多少教练技术，还是教练对象想尽快好转的意愿多么强烈，我们去讨论观察的时候，都是静态的。教练关系客观上存在于现实生活里，也就是说，教练对象并没有脱离自己在家庭里的身份、企业里的身份，而生活和工作是充满了不确定性的。当然，教练也一样。这就意味着，看似是一对一的关系，但实际上受影响的因素很多，所以有可能一些地方会受到干扰。在一个教练议题快要完成的时候，突然就有一些无法预测的干扰因素冲撞进来，打扰了正在进行的教练节奏。就如同再用一服药伤口就愈合时被迫停了药，这个伤口就差那么一点点没有愈合，等到教练对象重回教练关系中的时候，这个伤口更加严重了，又要进行一番冲洗，这当然会导致双方都出现挫败感。

教练关系是一个陪伴的过程，有时间周期，出现这种不确定性的概率很高。因此，作为职业教练，要有接纳这种状态的思想准备。只有教练具备高度的职业自觉，才能以身作则并呈现给教练对象，对他起到镇定和安抚的作用。接纳会带来平静，教练用平和的心境去面对这样的事情，教练对象就会受到平静的牵引而有勇气面对真实，不会慌乱和纠结。

这份接纳，也是一种最好的自我教练。带领教练关系走向正常的最好方法，就是接纳这个不完美，接纳这个挫折，接纳这个暂时因为不确定性带来的干扰，就像我们接纳人生中诸多的不完美一样。

问　答

问：教练接纳这样一种不完美，和追求教练时刻、追求对教练对象更大的价值贡献，会不会形成矛盾呢？

答：事实上，接纳正好是精进的基础。如果没有接纳，就谈不上精进。因为精进要有一个正确的方向，是深入地砥砺前行。教练是一种关系，至少牵涉两个人的意志，那些问题几乎无法避免。如果不接纳，就会纠结、沮丧。只有接纳，才会有平静；只有平静，才能让你洞察问题的本质，明确未来可能的路径在哪里。所以它是精进的基础，而不是懈怠的理由。

问：接纳是个起点。教练接纳了之后，怎样让这个教练对象也能够接纳呢？尤其是企业家都很忙，解决问题的心情非常急迫，他们是结果导向的人，出现这种波折是他们最不喜欢的。

答：保持谦卑的姿态，如实地呈现这件事情，讲出可能的挫折，对主要责任要诚恳地检讨，同时要相信教练对象能够听得明白，如果你缺乏对他的信任，教练进程就会出现比这个更加严峻的挑战。如果你能如实检视，暂时的挫败可以转化为大家共同向前的机会，同时也让教练对象看到了教练的职业素养。何况教练对象是有洞察力的，教练回避不了问题。

024
无我

词　解

无我，就是和万物在一起，是一种对实相的表达。强调有我是强调了分别、隔离和对立。太强调自我的存在，而不关切对方，就不容易产生同情、同理、同频。

教练中的无我就是正念。深度谦卑、全然交付就是一种无我状态。

无我时，真正的聆听才能发生，不带着私人观点来听，对现场的感受力才会更强。无我的心是开放的、不受阻遏的。当然，对方也会感知到你的无我，进而向你开放更多。

极致状态下，就会发生无我的倾听，就会形成和对方共生的力量，照见对方要寻找的答案、要去的前方、要走出的纠结。

无我仿若圆镜，是放下评判的心，以不知的心去观照和提问，以让教练对象搜索到更多被情绪障蔽的事实，最终看清事情发生的因和果。

问　答

问：无我，是不是指当你在做教练时，心思要完全放在教练对象身上，而不是自己要做什么？

答：**无我的状态，指的是"空空如也"的状态，不要夹杂太多个人的预设、观点、判断，要像镜面、湖面一样。**

问：比如最近的一场教练活动，我的教练对象先向我详细介绍了最近半年他在企业里如何建立"以客户为主"的意识。他谈得很多，随后我就问他：这个意识建立了以后，你们在能力的建设上做了哪些动作，有了哪些提高？他看着我说，现在还没有涉及能力，还只是及时回应客户。我说未来可能要准备好，因为当你满足客户的第一层次需求的时候，客户的第二层次需求就会上来，一定会有越来越多有关能力方面的问题出现。我这样直接指出他需要提高企业的能力，是否不太符合"无我"的要求？

答： 这就有点预设在其中。你可以问他还有些什么跟进的工作需要做，让他自己想到能力提高的需要，否则就是你给他的指向了。如果"能力提高"是他自己说出来的，力量就会更大。

问： 把我想提醒的能力问题让他自己说出来？

答： 嗯，说到底是根本问题——"相信"的问题。如果你相信他可以想到这个能力的议题，就不会放太多自己的判断，有可能让他自己去涉及能力提高这个范畴。他说出来会比你提醒更深入、更准确、更符合其企业的实际，因为他的体会更深入。他去落实时采取行动的路径也会更清晰，因为那个路径就在那里，在他发现问题的时候，他已经看见路径生成的过程了。而你提示他，他得重新构建关于"能力提高"这个概念，你没有给他"留余地"。留余地的意思是，你要让他自己去填这个空，你指出的是你看见的问题，不是他看见的。如果他回答说没有后续的其他工作需要做，你就要追问他真的没有了吗？如果回答说没有了，你就要用他说过的信息来做一些辨析，再提问。这样对方就会觉得自己受到了尊重，并且说的话被认真倾听，他在这个过程中几乎没有发现你的"自我"，他看到的全是自己。而让对方看见的全是他自己就对了，因为这时候是"照相"，教练对象看见了他自己的模样，可能就会意识到他的问题。如果你能做到这样，你就是"无我"的状态了。

"无我"就是不要把自我的分辨、判断过多地带到教练的现场。你的自我越强大，对方能够真正呈现的事实越少；如果你的自我缩小，你的"无我"的心越大，对方就会呈现事实越多，他会更自在、流露更多，就不会刻意地应对、讨好你。这样也方便他自己看见事实。其实教练最核心的工作恰恰就是做这个事情——照见对方自己看不见的地方。

问：嗯，当他和我继续交流，谈了要如何把客户意识在全公司推广，要把上海的模式复制到全国，我就追问了一句："你认为还有其他什么要做的吗？"他想了想，看了看我，说："有的。"

答：这样追问是对的。当你追问他时，他会感觉到压力，但这正向的压力会引导他积极主动思考。如果是指导式的压力，就是负向的，他可能会抗拒。

问：嗯，确实，以我对他的了解，他会抗拒的。

答：我们今天谈这些全是有关修养的话题。但要记住，最终"无我"并不是让你彻底丢掉你的觉察，主要强调的是你的判断、是非、分别、个人的观点需要在教练现场得到控制。

问：不能把自己的东西带到现场。

答：是的，你带到现场，不由自主地就会有情绪，就不可能平静。

问：我会想，该什么时候说出我的话。

答：这就是杂念。

问：嗯，这时候，就不是全然关注教练对象了。

答：是，教练效果就不会好。你越让他充分谈，他的自我肯定感越强。由于过去他长期怕别人看见他的问题，他会刻意地回避、掩饰，长久以来导致他也相信了自己没有问题。你不要直接说："你不要回避，你是有问题的，你看，我已经看见了。"这样只会伤害他。他会狡辩，他会用各种方式攻击你。什么时候你能让他正视自己的问题呢？让他放松地充分讲述，由此带来的自我肯定会使他在你面前获得一种此前从未有过的自信。这种自信让他克服了在任何场合去表达他自己有问题的恐惧。这是教练的功德和价值，你让他敢于看见并正视自己的问题，只有看见并正视问题，才有解决的可能。

教练的伟大之处就在于让教练对象自己发现真的问题，让他在不断的自我肯定中获得一种勇气。他觉得在你面前说他的问题不会被嘲笑，你会呵护他、支持他，并且有办法跟他一起解决问题。在这样的心理支持下，他就会正视问题。

教练需要很细腻地关照人性需要，而不能只是根据逻辑进行理性推断。你如果想让教练对象的信息充分展开，教练的自我就要缩小，这样教练对象才能变"大"。"无我"重点是讲这个部分。你刚才说，你直接指出教练对象的"能力提高"，其中就有教练的自我优势在。这样会让教练对象有一种无形的压力。

问：对，他就说他们没有能力问题，他们所有的问题都能解决。

答：这是防御。

问：我说，任何一个问题都会有认知的问题，接下来就是能力问题了，其实我提示的是对的，但是我说出来他就会抵抗，应该让他自己说出来。

答：因为这样会显得你很有优势，对方就没有优势了，这是教练对象特别讨厌的。

问：我理解了。就是说，谦卑表现在各个方面。我不会炫耀自己过去的经历，不会主动说，在这个层面上我是谦卑的。但是我在自己的强项面前，还是要表现我的专业性，而作为教练是不可以这样做的。

答：要把这个放下。

问：确实。在这两年做领导力教练的过程中，我自己也有进步和成长。我过去更多的是带领大家看企业的基本框架问题。我的小组成员说，框架对他们来说非常重要，如果没有这些扎实的基本框架，企业无法发展。但我现在在小组里的讲课已经发生了很大的变化，我更关注对做企业战略的人的认识，而不是怎么做战略这件事。

答：这是一个巨大的转变。

问：现在，我讲课过程中没有人看手机。我让大家讨论，大家都会认真地讨论、认真地发言。我自己也在改变。

答：结合刚才我们说的"无我"，以及你刚才所说的，我有一点想法跟你分享。其实你可以做一个调查，这两年你们小组肯定有了一个路径，但也受到了这个路径的禁锢。这个禁锢据我了解就是战略、全面预算管理。今天重新启程，邀请大家对禁锢进行挑战并将其打破。

首先确定标的，如果大家瞄不准靶子，就瞄准教练，瞄准这两年我们一起探讨走过的路径。如果能够打破路径再有所创新，那就一定是凤凰涅槃的过程。这不仅是对大家的提升，也是对教练自身的提升，这又重新找到了一个路径。战略和全面预算管理是你们这两年来学习的东西，现在就是要向过去的两年"开刀"。如果你们能够打破过去的路径，见真章，你们就会找到前进的方向和动力，找到光明。顺利、熟练的方面可以简短沟通，要聚焦艰难的方面、不适应的方面，重点是大家都认为有问题和有障碍的方面。这就是放下。

问：你这个想法很好。我觉得我要深入思考，作为下次我们小组的讨论命题。这个"无我"太深刻、太现实了。

答：最终还是要拿起来。先放下是让大家畅所欲言，往前走，最终这个事情是要有结论的。可以有一段时光很沉重、很涩滞，没关系，越是这样越有力量。这些做企业的人在这个过程中会发现大部分都是自己的问题。这些道理别人讲出来，没有人信服，要参与的人自己有感悟，这就有力量了。

025

安忍

词　解

　　无论你多么用心，教练过程中总是会遇见各种困扰，包括教练对象阶段性、阵发式的怀疑。教练对象有时会不耐烦、逃避，甚至想控制教练。教练要管理好这个隐形的部分，要有安忍的修养。

　　面对突如其来的情况，安忍可以安顿你的内心，而不是用理性来讲道理，因为对方是非理性的，听不进去。安忍是不反击对方的非理性，不对打，保持安稳的气息。

　　安忍是细密的功夫，需要现场感。通常对方的困扰不是大情绪，会很快自动地回落，要给对方一个空当，有时候就是几秒的时间。这时，不能以老师自居来教育对方，更不要迎击，只要倾听和关注就可以了。教练内心要感谢这个时刻的到来，因为教练对象把你视为安全对象来倾诉。

而这对于重要议题的讨论和推进是很重要的，因为往往答案就藏在对方的情绪中。

安忍是安顿的平静状态，不是愤怒地忍耐，是平静地在那里等待。教练对象有过体验之后，自然会在你面前更加放松。

问　答

问：你说"安忍"是一种平静的等待，是让对方更加放松，能够自然地流露。为什么？

答：安忍通常指的是在一次教练过程中，教练对象出于种种原因一时自我失衡，并处于非自觉状态下，发出一些夹带着情绪的挑衅或者攻击时，教练所需要保持的心理状态。通常教练对象的这种情绪是一种波澜，对应的是一种非理性行为，也就是说刚才的行为不代表他的决定。这个时候就能用到安忍。你只需要几秒的等待和平静的观察，或者找一个台阶让他下来，往往对方就能迅速回归到平稳状态。教练对象一旦回到理性思维，他会立即感觉到刚才自己有点儿失控。

　　安忍是一种很细腻的心理状态，通常用在当下。比如之前有一天的讨论过程中，你突然看了邮件，内心波动，其实于我而言根本不需要了解你为什么会这样，毕竟教练对象的行为有时候跟教练议题没有任何关系。

问：对，上次那件事很生动。

答：我当时并没有流露出对你这个行为有任何的不满，包括你打断我说话，我的情绪也没有受到影响。这个就是所谓的安忍。你就理解了什么叫平静等待。其实那个等待很短暂，你要知道，教练对象是来寻求问题答案的人，所以你不用过分担心，他很快就会"回来"。就怕教练没有忍耐，不懂这个概念，面红耳赤，好像受到了不尊重，情绪最怕这样互相感染。我们刚才举的这个例子比较轻松，面对企业家会有些不同。企业家气场很强大，有时候他说的话可能带有倾向性，甚至会有一点点贬低你的教练价值，或者会暗示你，你耽误了他的时间。这其实已经处于高度不尊重教练的状态了。但这并不代表他内心真实的理性判断，他只是受到了其他东西的冲撞，被某种情绪控制了。

问：我现在好点儿了，以前不太能忍受，太爱憎分明。

答：教练的心，要柔，要宽，要大。有时候企业家会马上反思，有时候会事隔两三次教练活动，重提这个话题并向你道歉："上一次我是因为急着有个什么事，我也没好意思跟你说……"这个可以理解。当时他跟你谈论的是职业话题，但是他的内心被其他非常私人的事务打扰了。

这里也包含了我们反复说的"相信"的力量，你要相信教练对象是无意的。因为他是求教于你，花钱请你就是让你帮他，他为什么要刻意找你麻烦呢？这个从道理上是说不通的。他自己也很无奈，非理性的行为并不能代表他理性的动机。这样想就会释然，安忍也就不是艰难的事了。

026

尊重

词　解

尊重是付出足够的诚意，是对教练对象找到答案的能力的相信。

教练在受到挑战时，选择处于"退尺之地"，也是对教练对象的一种尊重，但不能虚伪地迎合对方，那样并没有传递真实的教练价值。

教练对象的不尊重行为常常是出于对自我的不满意，并通过愤怒或攻击而转嫁给周围的人，包括离他比较近的教练，从而使自己的内心得到平衡。

这种不尊重也有可能是因为没有事先做好约定，从而造成双方对同一个事实产生不同的理解。

教练应该直面问题，与对方尽快沟通，看看教练议题的节奏是否需要检视和调整。

教练更要把这个视为一次全新的教练机会，保持对教练身份的觉察，引导对方自己去意识到他的不尊重行为。如果管理得当，也可能让对方学习到如何在自己受到不尊重时，正确地对待别人。

问 答

问：能否请你对如何应对来自教练对象的不尊重行为多做一些阐释？

答：教练对象通过这种不尊重行为实际上是想表达对教练价值的不满意，也就是说对他的付出觉得有一点不值得，他通过不尊重行为来找到一种平衡感。一方面，你要回归教练的身份说话，千万别觉得个体受到了伤害；另一方面，他不尊重你，也可以视为是你需要教练他的一个问题。这样看，你的心情就会缓和很多。

你要把行为重现出来。比如说他自己不知道自己走路的姿势，你如果把视频拍出来放给他看，他会吓一跳：我是这样走路的吗？如果你给他看他刚才说了什么、做了什么，他有时候也会很吃惊。他虽然对你不满，但是他觉得自己不应该用这种方式表达，而是可以理性地把他的问题讲出来，比如他到底对教练过程中的哪些方面感到不满意，还是仅仅因为他在其他地方受了气，并把情绪带到了现场。这种意义上的不尊重反而好办。比较难解决的是理智上他认为教练确实没有创造价值，虽然进行过多次教练行为，但问题的解决方法还不是很清晰。

你要引导他把不满意的事实直接说出来、呈现出来，对方就不会有所谓的不尊重行为了。有时正是因为他压抑了自己的不满意，没有合适的表达通道，才会表现出不尊重。当他能正常讲出来时，人就平静了，也只有这个时刻才具备探讨问题的可能。教练对教练对象说出这些问题一定要表示感谢，感谢他把这些问题及时说出来，帮助大家尽快检讨。最糟糕的是教练急着解释，教练一解释，教练对象就更愤怒了。

问：无谓的争论导致两个人没有机会交流了，变成争辩。

答：是什么支撑着一个教练保持极佳的状态？绝对不是技巧，一定是教练的那颗心。你是寻求自己的自尊，还是在意教练对象付了费要拿走的教练价值。问题探讨到最后，极有可能是对方造成的，教练对象就会反思。你要是老记着技巧，忘了心，技巧就用不出来了。但是在实际情况中，学习教练的人本末倒置的多，所以我才要反复强调修养的重要性。

027
随顺

词　解

随顺是教练修养中的一个很高的境界，也很容易被误解。随顺很容易被看作一种妥协、一种迁就、一种纵容、一种怯懦。

作为教练对象的企业家的人格形成过程，伴随着无数艰难和决策的压力，慢慢积累成今天的职业人格，非常强硬。教练对此要有切实的认知和心理准备。一块石头刚刚坠落，要让这块石头有一段滚落的时间，以减弱惯性的力量。教练对象从表象上看是固执己见，但实际上经由几次教练行为，他已经看见了部分的障碍和问题，就好像那块石头还在滚，但是惯性的力量已经减弱了。教练对象从刚开始认为这不是自己的问题，到后来只是觉得挑战非常大。当他愿意说出改变很难的时候，其实已经松动了，只是他改变的决心才刚刚开始，应该为这个时刻祝贺。教练需要用的依然是相信和鼓励，而不是说教练对象进步太慢了。如果让教练对象生出逆反的心理，也许他就放弃了。

随顺是一种智慧。随顺，那个对的时机会自然呈现。教练会产生一种相对平静的心理。

随顺是更大的利他心。要相信教练对象可以为自己的行为负责，可以迁善。要反观自己是不是真的想为教练对象创造价值，这是一个提升教练自我修养的关键时刻。

问 答

问：当教练采取随顺的态度时，怎样避免教练对象意识到这个方向不对，他又反过头来责怪教练当时为什么不提出来呢？

答：对教练对象打定主意要做的可能错误的决策，在教练进程中，我将其理解为一个不可避免的挫折。这样的挫折其实有它特殊的贡献。因为它会让教练对象在下一个教练进程向前推进的时候认识更加深刻。怎么避免所谓的教练对象对教练的误读呢？教练可以与教练对象进行反复确认，并尽可能追问可能产生的相关联的负面影响。如此，教练对象不是没有预判到可能的问题，如果他还是决定要走这个路线，那么复盘回顾的时候，教练对象也会更加深刻地反思，不至于产生更大的误解，怀疑教练的职责。严格来讲，你只是有责任去进行多方位、多视角的提示和提醒，追问可能带来的风险，最后依然是教练对象本人来做决定。

问：但是既然用了随顺这个词，其实就包涵了"我不是很认同你"这个意思，所以这个前提不就会提示教练对象教练心里有一个判断——我跟你的意见不一致吗？

答：随顺是指，作为教练，你觉得教练对象的回应并不完整，但是教练对象已经没有耐心或者意愿再对你的提问做相关的回应。

问：那就暂时不追下去了？

答：如果对方愿意，你可以在基于要去做这件事的前提下提一些相关问题，在这个方向上把可能的风险降到最低。

问：一旦采纳了随顺的策略，在后面的教练行动中，是不是教练还应该对某些事保持自觉？

答： 要尊重这件事情发展的路线。教练有个最大的信念，
　　就是相信教练对象。

问： 相信他最终会找到正确的路？

答： 对，即使他有错误，那也是个过程。教练不是替教练
　　对象决定方向的人，也不是替他判断对错的人。教练
　　的作用是启发、提示、展开更多的视角，让对方向外
　　看得更系统，向内走得更深入。

问： 明白了，所以随顺并不是说我们两个人路线方向有不一致
　　的时候，我随着你去顺着一条路走。随顺是节制，把教练
　　的追问行为做了调整。那你随的是什么？顺的是什么？

答： 教练对象的意志和决定。

问： 这个和安忍的区别在什么地方？

答： 安忍是指你洞察到教练对象的情绪受到搅扰，你等待
　　一下，他很快就会恢复过来，之前的非理性行为不代
　　表他的意志和决定。随顺是他已经有了明确的决定，
　　你把所有的东西都提示过了，他已经不再愿意回应你
　　的问题。即使回应了，他看见了，他依然决定要这样
　　行动。

028

赞叹

词　解

　　赞叹是教练常常使用的一个手段，它能够给予教练对象一种及时的、生动的鼓励。一个人去赞叹别人的时候，其实本人也是受到鼓舞的，意味着这个关系得到了一次动能。

　　赞叹是一种感叹，是要把这种赞美表达出来，是一种口吻。来自教练的赞叹会激励教练对象从教练那里拿回一种真实的力量，获得一种切实的感受：这是对的，这是有希望的，我快要走出这个迷失的状态了。人在被赞叹的时候，内心是会有喜悦的，他会把这样一种内心的境况立即反馈给教练，对教练也是一种鼓舞。

　　赞叹是一种确认和强调，是一次印记。确认的同时，这个关系才会成为一种真正支持教练对象的力量，彼此的信任也会悄悄向前推进。所以,赞叹要成为教练的自觉和习惯,要像小鼓点一样,不断敲响。

只是,教练应该同时有一份自觉,无论我们有多么深刻的认识,无论我们向内挖得多深,其实都还是为了将这种认识和感受转化为一种真实的行动。只有行动,才可以带来真实的改变,才可以看见真实的成果出现在我们面前。只有产生一个又一个成果,才会让我们的教练关系走向理想的状态。教练要在教练对象处于一种从容、自在、相对放松的心境下,与教练对象共同制订切实的行动计划并采取措施,走向新的高峰,不要只是停留在赞叹上。

问 答

问:教练使用赞叹时,有什么特别需要注意的吗?

答:赞叹的好处,容易理解。有一点需要特别提醒,就是现实中有不少教练有所谓的职业腔,譬如,不管听到什么,甚至根本没听清楚对方说的是什么,都说"你好棒",而且不会注视对方的眼睛。对面那个企业家并不需要这种习惯性的职业腔调,他会觉得你好像词穷了。

　　赞叹必须非常准确，有很具体的内容，甚至你自己心里要透彻了解，你赞叹的这个节点在整个教练议题里处在什么阶段，现在需要再向哪个方向移一点，准备开始行动了，需要你鼓鼓劲儿。这个准确度很重要。你要很真诚地发出心里的赞叹，而不是操着职业腔，像说语气助词一样，这没有意义。

029

讨好

词　解

在一段教练旅程中，教练本应扮演客观、温暖、持续的陪伴者的角色，只是由于教练对象是人格强大的企业家，又是商务上的付费方，教练有时会有讨好教练对象的心理，希望加深和教练对象的亲近程度，让教练进程更加顺畅。

讨好的心理机制是自私的，是为了取悦对方，让对方更多地接纳自己。讨好和赞叹不一样，赞叹、交付和谦卑都是指向教练对象的价值，教练是处在一种非常自信的平衡状态，处在输出状态。在这种状态下，教练的力量是丰富的，越给越多，能和对方产生深度的联结，能得到对方真实回应的力量。讨好本质上是攀缘，是掩盖，是扭曲，而不是真心，讨好既不利于事实的呈现，也不利于教练对象真实面对自己及对教练价值的发现。教练对象很容易发现这个讨好的事实，然后会从内心深处找回自己的主动权，转变为教练关系中的权威。这是非常可怕的。接下来你再做相关的启发，就会变得没有说服力，从而步入更深的艰难境地。无论如何，这都是教练需要高度警觉的事情。不要把讨好当成谦卑、随顺或者交付，不要给自己找借口。为了讨好对方，还是为了真正鼓励教练对象向前，只有教练自己知道，因此也只有教练追问自己。

教练对象也要防范这种心理，不管是在教练周期的哪一个阶段，都不应该有讨好的心理。讨好是一种虚伪，会给教练以假象，甚至会纵容教练离开自己的专业本分，产生虚妄。教练会以为自己很有优势，在处理问题的方法和态度上就容易不够严谨。

问　答

问：教练怎样才能够使内心有一个自觉的底线，知道跨过线就变成一种讨好了？

答：最重要的一个依据是，你所说的一定是事实，如果不是事实，就会引动教练对象产生虚妄。你离事实越远，离答案就越远。

问： 讨好与赞叹和随顺有什么不同？

答： 教练确实要始终对自己的起心动念有个觉察。讨好不
是赞叹，因为赞叹最根本的是基于事实，这个事实是
双方都很清晰的，它就呈现在那里，能说得清楚。

　　随顺也不是讨好。随顺是教练进程中面对一个
阶段性的难题，你并没有对教练对象的意志和决定表
示赞同，你只是没有表达你的主张，因为教练的价值
和责任是提供更多的视角，问出足够好的问题，提请
教练对象对相关问题有更加全面和深入的认知。这和
你讨好教练对象是不同的，因为随顺并没有说他这样
对。讨好意味着教练已经有主张了，你讨好他，就是
希望他朝某个方向走。

030
直心

词　解

直心即素直之心。直是相对曲而言的，是不扭曲、不变形；素是指坦白，不修饰、不掩盖。

直心很容易被误读误用，所以要单独讲透。它不是浅薄、尖锐的直言相告。

直心需要内心平和安稳，没有功利，不攀缘、不绕圈、不讨好，这样才能直。

直心不一定反映为不动听的表达，它同样可以让人怦然心动或者忽归平静。你的心要如湖清柔，方可映月。

直心需要没有挂碍和畏惧，需要有慈悲的、无分别的心，这样才没有对立面。背后必须有这些准备和涵养，所以直心是个道场。

直心如同力透纸背的直线，不单调无力，不生硬脆弱，而是柔软的、深切的，纯粹而丰富，倾注着真实关切的情感。这些韵味来自了解，来自爱。

在教练关系里，了解并真实关切当下的教练对象，才能做到真的直心。此刻直言，就不需要委曲、掩饰，因为教练的内心是温和平常的。

直心，也就是能如实如是的心。

问　答

问：直心的内涵到底是什么？是一种修养还是一种表达的方式？是两个人都要直心，还是要教练单方面直心？我对这个直心不是很理解。

答：如果直接回答你的问题，直心既是对教练修养的一个基本要求，也是每一次教练行为中应该具有的一种心态、一种表达的方式。教练需要直心。至于教练对象要不要直心，这是教练事先和教练对象交换意见时需要沟通的一个重要内容，就是我们以何种方式进入教练旅程。如果教练能做到什么，教练对象也能够做到，那会非常好。比如我会以直心的方式表达我的想法、提问、处理相关的信息，以及给予你信息，我邀请你也以直心的方式和我共度这段时光。教练对象要不要直心，取决于你的邀请。他不一定是一个直心的人，也不一定在过程中始终以直心的面貌出现，这就要求教练自己先做到并演示给教练对象，主动管理对方，尽可能让他也能处于直心状态。那什么是直心？教练对象也可能会这样问。

问：对，你要我直心，那什么叫作直心呢？能不能给我一个定义？

答：现在我们尝试多说几句，把直心的内涵展开来说。直心不单单是我们通常说的快人快语、直来直去、有什么说什么。很多人把所谓直言相告当成直心，这会带来很大的伤害，与我们的期望背道而驰。直心是一个很厚重的词语，不是浅薄的直线。直心是对事实深处及背后的意义有深刻的洞察，对教练议题所在的时机、节点及在整个教练进程中所处的位置有明确的把握和了解。你和教练对象之间信任的程度、亲近熟悉的程度等都是需要考量的要素。在这些条件下，直心实际上是基于深厚的关切，全然利他，没有任何私心杂念，是以这样的一种状态陈述你看见的事实，对问题是一种真实的触碰。就像打高尔夫球，当击中球准确的点时，既轻松又击得远，那一刻你的手是有感觉的。直心并不是以伤害人或者大声呵斥为标准，击中那个球的时候你会发现你的动作并没有想象中那么大，也没有用那么大力，但是球却飞得很远，而且弧线也很优美，目标也特别准确。你击中那个点的时候，那一刻你无法用语言表达，但是你自己是有感受的，你会感受到：对了，就是这样。直心基于这个点，你知道这个点就在那里，不要躲闪，不要丧失信心，要完整地把信息呈现出来，不要掩盖信息。直和曲是相对的，曲相当于你要绕，而直心是直接击中这件事情的本质。直心并不是让你不讲时机、不讲时刻、不讲方式，这不是直心，而是对直心一个浅薄的理解。直心最重要的是必须有上面说的一系列前提，这些前提最重要的是以利他和无私为核心。怎样才能做到无私？你得基于全然了解。

问：我现在的理解是，直心其实是教练的一种修养，确实是一种能力，不是简单说真话，要有前提，要顾及影响和效果。

答：说真话要有艺术。我刚才没有用"诚意"这个词，而这是我们教练的核心。直心最大的前提是诚意，你如果没有诚意，你在直心状态下一定会伤害人，会尖酸刻薄。直心有时候并不表现为一种直接的告知，它可能反映为一种提问，或者说是一个眼神。直心恰恰反映为谦卑，因为你的心在对方那里，直心是你和对方的一种靠近、一种支撑的力量，并不是打击、抱怨、责怪，所以通常直心并不会带给别人不愉悦的情绪。直心现在被很多人当成一种借口，没有做到有诚意，一些教练说的真实也是自我意义上的真实，是片面的，只是表达了站在他的角度看见的部分真实，对教练对象来说不一定是真实的。直心是为了让对方看见真实，你可以引导对方过来看。有些人所谓的直心是为了掩盖自己的脆弱，保护自己的不自信，经由这样的方式来取得一种自我的优越感。

031

如实

词　解

如实，是看见和了解，并能达到真实。

如实，首先是一种态度，然后是一种能力。如实是一种通过专注谦卑地倾听，达到共情之后看见实相的能力。有时候你很想如实，但因为没有能力，无法知道那个"实"是什么。

作为教练，要对教练现场的所有信息如实感知，并直面当下的真实。当然，只有通过共情看见的真实，如实地告知才不会变成一种伤害，才能自然地把握相告的时机，而不会仅仅当作技巧，去刻意寻找这个时机。没有共情就没有真正意义上的如实。

为了创造真实有效的教练时刻，保持如实是一种自觉行为或者准备。你不能添入杂念，心不能扭曲。实践中，教练容易出于恐惧不如实地反馈对方，这样教练时刻就不会到来。

问　答

问：如实是不是跟直心是相辅相成的关系，有共同之处呢？从字面上来看，如实地了解并还事物以本来面貌，是很不容易做到的。

答：如实是直心的基础，就是达到真实的意思，是一种能力。比如，你怎么确定对方不是对你进行误导和操纵呢？他的信息里面可能包含大量的假话，他说了很多掩饰性的词语，你能否抵达背后的真实呢？你又如何启发对方把这些信息更好地呈现呢？这实际上是对教练能力的一种要求，两者的侧重点不一样，当你有了这种能力，真实信息才能更多地被你发现，而你又有利他的心，这个时候直心才会变成一种可能。

问：教练对象说了许多内容，你怎么判断这些内容的本质是什么？你说只有通过共情才能看见真实，如实告知才不会变成一种伤害。

031 如实 ● 117

答：共情是如实的基础。如何才能看到本质？核心要求就
　　是共情。你要学会同步体察对方内心所想、真实的内
　　心状况，而不是口头上说出来的信息。他是快乐的
　　吗？是兴奋的吗？是痛苦的吗？还是虚伪的？他是很
　　骄傲地说这番话吗？还是表面上很骄傲而眼神里不是
　　那么自信？

问：我曾经和我的一个组员在交流她的情感困惑时产生过共
　　情，当时我同步体察了她的内心，这个我觉得能做到。

答：当你真做到了，你直接就能感受到，她长时间倾诉中
　　真正要表达的是什么。朋友间的谈话和跟教练谈话不
　　同，因为朋友间没有受托和交付的责任，而教练与教
　　练对象是有约定的，是有受托责任的，而且教练是收
　　费的，所以行事的方式和立场都不同。

问：你这里是说教练的自然人格和职业人格要区分开，对吗？

答：对。

问：我这样做是不是做到共情了呢？

答：共情只是一个基础，如实的基础。你做到共情之后怎

么把你看见的部分有效地传递给教练对象，并且使其接受，这也是一种能力，就是我们说的直心的能力。要让对方感受到你已经共情了，你要告诉对方你看到了什么、感受到了什么。

问：我会陪着她哭，这样行吗？

答：不一定要这样，你要保持关注。对方在讲，你专注地听，有些不清楚的地方还要问。第一步，你和对方确认共情。她讲的都是事实，你可以问她："你现在跟我讲的时候感受如何？"她肯定说："我很纠结、很痛苦。"那纠结的点是什么呢？她要是说不出来，你便说："我好像刚才听到你说了……是这样吗？"这个过程就是确认你跟她共情了。第二步，你问她打算怎么做，她真实的目标是怎样的，她现在做什么工作有利于向这个目标靠近。这些是教练应该做的，而不是上来直接告诉她你的观点，她会觉得没有被理解，你没有做到倾听。

问：我的动作快了，要分步走，要慢慢帮她做到内心和解，让她自己找到她的问题，而不是那么快帮她做判断。

答：对，你要把这些东西一一重新摆在她面前，让她把泪水抹掉，睁大眼睛清晰地再看一遍，刚才她说的是不是这些东西。她可能会说"是"，或者说有一点"不是"，她说"不是"的那部分尤其重要。"不是"的部分通常就是你和她不共情的地方，那你就得追问。她的重新表述是你再一次发现她的机会。然后，问她现在的感受是什么样的，跟她刚才讲述这件事情的心情有什么不同。因为现在清晰了，她可以把你摆在她面前的东西归类了。如果总共有三个问题，她可能会说："我最难解决的是你说的这一点。"你就问她为什么会是这一点。你要有一点耐心，她就会展开讲。教练就是要引导她进一步说出更多的事实，有时在这个过程中她就懂了。这个时候直心就表现为这样的提问，并不只是直接相告。直心是一种心态。

问：所以如实里面还包括怎么有效地将信息传递给对方并且被对方接受，是吗？

答：对，这是如实的另一个内涵。有一种方法是把这件事情相反方向的假设拿出来给对方看，比如这是绿色，如果与绿色相反的颜色是红色，教练可以提示红色的存在，你可以举证红色，然后让她表达对红色的感受，你就可以看出她对绿色的纠结到底有多深。也许她对红色并不反感，只是她当下自己不清晰，你要进一步帮她辨析到底她讨厌不讨厌绿色。你要通过这样的问题反复启发她。许多的东西都不是你告诉她的，都是你给她的方法和路径，她不断向你展示更多自己的信息，你不断把她展示给你的再重复讲给她听。她有时会说："我说过这个吗？"这些是教练的方法，教练不断地让更多的事实呈现，让教练对象看见并明白这意味着什么。

我们谈教练的修养为什么要分解成这么多词？因为它散落在各种各样的角落，你只有 360 度反复观照拆解，才有可能慢慢说清楚。即使是这样，也只是一种可能，因为它是一个修养，是日常的积累。

032

平等

词　解

平等其实是教练工作的基本要求，是教练应该具备的一种信念和心态，是一种精神准则，是教练应该常放心底的一杆秤。当然，它不是做样子，如果是做样子，你会上一秒平等，下一秒就不平等，因为你患得患失。

平等是一种精神气质。平等的"平"是说心平。要做到心平，就必须没有执着、没有比较心。比较心怎么来的？就是由这个"我"字来的：我高了，我低了，我感受好不好。把我忘却，心才能平。怎样才能忘我呢？除了教练是一面镜子的信念和功夫存养以外，每次教练行为开始之前，要做好身心能量的平衡。你要能够内心安定、能量饱满，处在一种深潭水的状态，有用之不竭的感觉。这个时候你对什么叫心平自然就会有一些感受。这种心平的感受就是不起什么平等不平等的念头，因为起了这个念头，就已经不平等了。

平等的"等"，是指经由你让教练对象更多地发现自己、更真实地照见自己，这个过程中要相等，不变形。如果镜面是凹凸不平的，照出来的样子也是不平的，教练对象无法看到真实的自己，教练的意义和价值就不存在了。

当然，平等是一种深度的精神修为，核心依然是诚意。如果你笃定相信、深度谦卑、全然交付、无限专注，平等自然而然就来了，它就在那里。这个时候你就拥有了平等的心、无分别的心。教练对象才会觉得跟你在一起，有一体的感觉。他在你面前是呈现，是流露，是涌出，而不是像挤牙膏一样一点一点往外挤，顾虑重重。正因为信息是自然地流露出来的，才会更加真实。这些真实的信息流露越多，教练对象看见自己越多，发现自己的可能性就越大，教练价值才会最终得以实现。

问　答

问：如果我们平等，他为什么叫我教练？肯定有不平等的地方。他在某个地方不如我，所以他请我来做他的教练，通过我的提问来照见他的问题。

答： 我们现在不是在知识层面讲这些话题，我们讲的是人格
里面的一种态度和修养。我在词条里讲得很清楚，"平"
是你的心平。你的修养到一定水平，就忘了平等不平
等，你就不想这个问题了，这是个结果。但是大多数教
练还是需要有这个过程的，还是要管理自己，让自己更
加自觉，以平等的心对待自己和教练对象，这个关系本
身要用平等的心态去看。否则，你会经常摇摆，会生起
情绪，会对教练对象对你的所谓不尊重更敏感，因为你
太强调平等了。为什么我要在这里等你？为什么不是你
先等我？这就是过敏。过敏其实对教练自己反而是打
扰，你被激怒了，怎么去教练别人？

有了平等心，你的做派就会相对平常，不容易刻
意想突出什么。凡是刻意想突出什么的时候，人就是
没有力量的。比如说你的思考很深邃，不需要大声，
你正常讲出来就很震撼，大家就会被你吸引。如果你
刻意去突出，那就说明你发现大家没注意听你讲，因
为你的观点还不够有深度，你还没那么自信。

平等心客观上会让你很平静，情绪很稳定，不至
于被一些冲突和挑战惹怒。冲突和挑战在教练关系中
是经常发生的。有了平等心就能安忍，安忍是一种正
向的力量。你硬压住自己情绪的时候，其实会产生一
种负向的力量，它会打扰你的。

问：为了克制，你就会用更大的力量来反抗它，这个我很有体会。

答：如果教练总强调自己是教练，也是一种不平等心，不平等的时候你就会要求对方特别尊重你。平等心的意思是你要认为对方跟你坐在一起，他对你也是一份贡献。如果你不是这样想的，你说话的时候就会文绉绉、比较重套路，反而没有力量。你不能打动教练对象，你不能进入他的灵魂深处。你不要老强调你对人家帮助有多大，这是平等的相互映照的关系。只不过在教练关系里你正好扮演这一面的角色，而他站在另一面。有了平等心就有尊重，是那种自然而然的尊重，不是刻意强调的，不是装出来的，因为你会理解彼此的价值交换和贡献。以平等的心，你看对方才会更真切和全面。

问：教练的关系是价值交换的关系吗？

答：是，而且这个价值是对等的，对方对你有所贡献，你也对对方有所贡献。

问：就是你内心一定要有互相对等的感受？

答：嗯。不是强调你教他什么，好像你比他更重要，其实彼此一样重要，因为他是这个关系的主体，你是推动者，但是离了你这个推动者又不行，他无法把他自己的症结揪出来。

问：在目前中国的现实环境中，我觉得平等心是一种很不容易拥有的品德。

答：现实中，被教练的企业家过分强调自尊，不太聆听教练提出的问题，这种情况很常见。教练容易出现的问题是攀缘，会对一些问题无原则地迁就，这样也不利于问题的发现，最终无法创造价值，这样的教练关系也不会长久。

　　平等意识会使你处在准确的位置上。教练有义务引发教练对象的平等意识，要从自己做起，检讨自己是否以老师自居，过分强调别人对你的尊重。要经常自我检查，先让自己真正处于平等的状态中。这种状态会影响和带动作为教练对象的企业家，逐渐回到平等的关系里，只有这样，教练价值才能逐渐体现出来。

033

专注

词 解

专注会带来高度的觉察和平静。专注意味着你很安定，对方晃动的时候你看得很仔细。如果你也和对方一样晃动，就无法在纷繁的信息里看见问题的本质，也就一定会影响你的教练行为。你能专注，就能营造出如如不动的气象。教练自己安定了，对方才会安定。

只有无限专注可以让你达到这个状态。你可以创造一个巨大的场域，让教练对象跟你一起进入这个场域。教练对象的内心也会很纯粹，念头不再飘忽，跟你会有高度的联结感，教练对象就会感受到一种从未有过的平静的力量。那些在内心起伏的愤怒、抱怨、不解、困扰、沮丧统统可以剥落，就好像看见大海。大海的浩渺会让这些情绪顿消。而情绪一剥落，往往真实答案就会自动出现。

　　无限专注是诚意的重要内涵，它和笃定相信、深度谦卑及全然交付一样重要，是教练的至高境界，需要教练不停地向内修炼。

问　答

问：作为教练，怎么训练自己专注的能力呢？

答：这是个存养的过程。我说几个好理解而且直接奏效的方法。比如说你要基于为教练对象着想的心态，在每次教练行为开始之前发愿，这能让你的念头聚焦。怎么发愿呢？你内心平静，把所有的念头收摄在真切地希望帮助这个教练对象上，但愿自己能以教练的方式帮助他，解决他现在的困扰、烦恼、问题、纠结，而且自己相信这个答案一定就在他那里，你和他一起一定能发现。你诚心诚意这样想的时候，会有很神奇的作用。因为你这个念头很强大、很突出，就像你有很多线头，你没有硬要把其他线头拉下去，你只是把其中一根线头提得特别高，你这样望过去，就好像只有一根线在那里。你一次一次如此，就会变成一种下意识的行为习惯，你也不会觉得有任何艰难和特别刻意的行为，做得很轻松，但很有效。

再比如说静虑，你坐在那里、站在那里或者行走都可以，或者只是泡茶也行。每个人适用的方法不一样，都是为了将能量聚于一处，但你必须坚持才有意义，所谓功夫上身，你的念头，说收就能收回来了。

034
平静

词　解

　　密集的苔藓可以让你有广阔的森林那样的感受。如果你的心也如同苔株株粒分明又连成一片，有广大完整而不分离的感觉，就会很有力量。其实，心的底部就是这样的。

　　如果你能持续地做深呼吸，就会发现你的呼吸越来越轻，越来越深长。这个深长的呼吸，会带你回到苔藓那样的心的底部。而我们的日常像浅呼吸一样，浮在表层，苔株很容易变得不均匀，掀起情绪的波澜。

　　保持觉知，就是从纷乱回到宁静平和的心，如同从乱石路面回到苔藓地。

　　除了最为重要的存养，教练在每一次教练行为中都要问自己身心是否处于平静的状态。因为我们在日常生活中有各种干扰，每个人要寻找自己的方法路径，让身心处于平衡的状态。教练要做好这样的准备，而不是关于教练对象的各种行业知识的准备，那些东西对方会自己带来。

除了日常的功夫，每次教练行为之前、之中、之后，有一些方法可以帮助教练尽可能接近平静的状态。比如说，每次教练行为之前，以适合你的方式进行放空，主要是让身体、心理达到一种很满足的平衡状态。你感觉到自己的能量很够用，有不勉强、不用力的感觉。

教练越平静，对教练对象的观照能力就越强。一旦教练感觉到平静给教练对象带来的积极影响，就会自觉善用平静的力量。这也会让教练更有信心，并更有可能保持平静的状态。

每一次教练行为结束，教练要做一次教练笔记，对刚刚发生的教练行为做一个反省和总结。不要忘了检验的尺度。这个尺度是：我在刚刚发生的教练行为里，内心足够平静吗？哪些好的事情是因为我平静的心境而带来的？这样的检视会给你一种力量和肯定。

以上是一种练习的方式，练习的层面可以循环上升。当然，对于教练来说，如果你自觉地去找一个资深教练作为自己的教练，那他会帮你发现这个时刻，帮你甄别和一起确认关于平静的练习到了哪个层面。

问　答

问：我的习惯是把时间排得很满，你能否给我些建议？

答：真正的静，到了最高的境界，并不排斥你把事情安排
得密密麻麻。关键是你的心不动，你的情绪不受打
扰。没有打扰就不累，而且每件事都做得很有质感，
因为做每件事的时候你都高度专注，每件事做好了就
放下。当然，这是一种非常高的境界。

你如果理解了"止"，就会对平静有理解。定是
静的前提。如果一个人很慌乱，就无法平静地思考问
题，你必须安定在那里，才会有所得。你和教练对象
相见的那个瞬间，往往就决定了那场交流的成败。为
什么那些教练对象来的时候我经常迎到门口？我从他
下车那个地方，陪着他一起走的这段路程，可能只要
一两分钟，但这一两分钟很重要，往往就决定了教练
对象接下来一两个小时内跟我在一起的心境。如果一
开始就是颠簸式的对接，接下来这个过程就不会太好；
如果一见面就交流得很好，接下来就很平顺，可能只
谈了一个问题，但谈得很深入，而且彼此都有倾听的
能力。

035

空空如也

词　解

孔子曾经说过，"吾有知乎哉？无知也。有鄙夫问于我，空空如也。我叩其两端而竭焉。"

空空如也，是一种不加判断的清空心境。把已知的信息放下，不要做预先的设定。这会让教练更加专注现场的最新信息，也可以保持更强的好奇心，可以提出更具开放性的问题。空空如也会让教练保有职业本分，处于更平静的状态，这样可以帮助倾听的达成。教练空空如也的状态还会让教练对象有平等的感受，没有压力，没有自我否定感。

当杯子空的时候，你看得很清楚。如果教练存储太多的信息，心境清空不够，就会在教练现场过多地干预或者说教，而这会导致教练对象在现场流露真实信息的动力受影响。这里没有所谓的对错、重要不重要、应该不应该。此前准备的材料都是经过筛选、判断、编辑的，而现场的对话是即时而生动的。教练能做的就是让教练对象有诉说的动力，呈现更多的真实，包括他要说的内容信息和他讲述时的情绪及立场。因此，教练处于空空如也的状态，有助于看见更全面的信息。

要达到空空如也需要教练处于止的状态，高度专注，这需要大量的存养来做准备，需要足够的能量来做支持。

问　答

问：空空如也与准备是否有矛盾？

答：要辨析的是你做什么样的准备。空空如也是在现场领域里来讨论的，也可以说保持空空如也的状态就是你应该为每次教练行为所做的最大准备。

问：空空如也的状态能给教练提问的动力，这个能再阐述一下吗？

答：教练处于空空如也的状态时，教练对象才能感觉到你的提问是一种真正的给予。教练对象自然流露的时候，可能会觉得那是个讲话中的细枝末节，但是，在教练看来，所谓的细枝末节却有可能是问题的突破口，暴露了问题的实质。这时，教练提的问题恰恰就会落在这个所谓细枝末节的地方。提问往往让教练对象措手不及，因为他不认为这是一个问题。教练对象一时无法回应，恰恰证明教练的问题很有力量。这个时候一定要等待，教练不要基于假设的判断和前提来引导教练对象。此时所有呈现的都是教练要掌握的信息，并作为教练提出第二、第三、第四个问题的重要素材。

036
当下

词 解

　　教练与所有信息建立关系，并对这些关系始终全然了解，这就是保持在教练关系中的当下。这个当下就是教练时刻。这是我们的目标，触碰到教练时刻，是教练的荣耀。

　　当教练处于接近当下的状态时，就会有超常的感知力，这比分析研究更有力量；教练对象有和你"在一起"的感觉，会更开放并沿着指向答案的方向前行；此时，教练关系也会被你照耀，你可以把教练对象带回内心的苔藓地，答案自然就会显现。

问 答

问：我一直在紧张地工作，每天的时间安排得很满，哪怕现

　　在我的工作量不那么饱和了也是。但是我觉得现在我有时间可以事先充分考虑，以前连考虑的机会都没有，那么多年的工作经历培养了我非常强的应变和学习能力，让我快速抓住关键词。我觉得这也不是坏事，但是现在，我可以有所选择，我希望自己高质量地做当下的事。如何能在忙碌紧张的工作中快速地回到当下呢？

答：专注或者知止的能力很重要。

　　首先得保持饱满的能量状态，以方便升起觉察，把念头收回来，知道自己此刻在哪里、扮演的是什么角色。有清晰和从容的感觉，才能把念头放在当下。放在当下不是吃力地向下挖掘什么，而是轻轻地放下，像飘落的感觉。教练在开始教练行为前，要做一个能量检视。这在"止""能量"等词条里都谈到了具体的方法。

问：当自己意识到不在当下时，是不是应该立即专注到手上正在进行的事呢？

答：当你觉察到自己不在当下时，其实已经回到当下的一半了，这时你已经有意识可以来决定是否要继续进行目前的教练行为，知止是最重要的。

037
止

词　解

止，是你终于懂得去了解当下，是对此刻的你和正在发生的事有自觉。

因为了解，你就不会偏执地把自己附着在情绪上，这包括好情绪和坏情绪。这种看似对周遭附着物的剥落，其实是对各种关系实相的洞察。这一刻你可以全然如实地看见，所以，这一刻你的感受很像大家通常所讲的"定"。安定的感觉是不太受打扰，不晃动、不摇摆。

止是一种智慧，和技巧没有关系。关键是如何培养出止的自觉和应用能力，逼近这个智慧。止，是禅宗里的众流截断，是没有附加任何标签的空白，正是这个空白会让附着物剥落，真实才会全然出现。

无论教练还是教练对象，都有解决问题的强烈愿望，这样会使大家理所当然地在"努力"这条河流里奋力向前，事情的吊诡之处是你可能一直会在这条河流里漂泊，很难上岸。

止，不容易自觉，也不容易操作。因为你容易害怕，这种害怕包括不能立即回应你心中解决问题的愿望。

教练对象有着强烈的愿望要从艰难中跳出，希望教练给出灵丹妙药。"大勇若怯"，教练要处于止的心理状态，才能提出有力的问题，并经由这个有力的问题，让教练对象从奔腾的情绪洪流中抽身停歇。这种提问只是让教练对象一回首、一停顿，暂停急切地追索答案。水一落，石就出了。

问　答

问：对"静"我很有感觉，对"止"我就不太有感觉了。做教练的时候，你说"止"非常重要，是教练修养的一个重要组成部分。怎么自觉地去运用呢？在教练的过程中怎么去培养这种"止"的能力？

答：你只有在日常体验了，在教练行为中才会有信念，才会有信心说我是可以做到"止"的。禅宗里有一句话叫"歇即菩提"，一歇、一止就明白了。在儒家的经典里也有说"知止而后有定"。为什么要止呢？因为停下来才能定下来，定下来才能有真正的静，静的人才会有安，安而后能虑，虑而后能得。这些都是说辞。在生活中体会很重要。比如有时候和教练对象沉浸在一件事情里面谈了两个小时，然后我们说出去散散步。其实没有做更多的动作，只是让刚才一直在旋涡中奔跑的情绪停了一下。往往就在这个歇的过程中，刚才那两个小时里一直在寻找的答案就会出现。这也是一种止的表现。如果说到教练行为里面很细节的部分，更多的是一种修养。怎样让你体会到"止"带来的感受呢？比如说你去某地演讲，你可能为这个事情琢磨了一周、两周的时间，比较有压力，但是什么时候会有答案呢？往往是等到你晚上安静下来的时候答案就出现了，比如说听音乐时，或者陪孙子玩时，又或者晚上一个人走一万步时。

也就是说思绪停止的时候，那个答案就会出来，"原来可以这样"，而且感觉很轻松，轻轻地，答案清晰地掉落在面前。你只有体会过，才可能在复杂的教练过程里，知道自己应该在哪个点，在什么议题上、什么氛围下、什么状态里，选择"止"，否则"止"只是一个概念。

问：我跟某人谈话谈不下去，我的观点他不同意，觉得我说的没道理，我们常常也会停下来，各自去思考。静下来思考了以后，也许我们都会从自己的角度去分析这个观点，然后我们再讨论的时候就有了结论。

答："止"其实是两个层面的事情。一个是初级层面，说得好理解些就是你动作上的"停"；另一个是深一些的层面，更多的是指内心，你的心不要那么波动不止。

　　实际上能"静"能"定"的还是你的内心。也许教练行为看上去并没有停止，但是你心如止水，不加任何判断，是一种高度的和谐，让教练对象的情绪能大范围地流动，让他尽可能放松。

问：这不是回避吗？如果他喋喋不休，我听不下去，那我就要逃走了，脑子就走了。

答："定"很重要，你不能走，而要更加安定，因为你安定恰恰会让对方尽快地消停。教练本人更像一面安静的镜子，你说镜子作为了吗？它起了作用，把对方的影像显现出来了。镜子不能动，一动影像就是模糊的。你没有任何情绪起伏，就好像对方所有的事情在你眼前都放慢了动作，你看得更加清晰了，而且连耐心不耐心的意识都没有了，只是定在那里观照着对方。这是一种理想的状态。一旦有了体会，你前进的速度就很快，因为你知道它的力量。当然，首先你要有自觉，你要相信并持续练习。

问：不是不理睬，不是逃避不管，就是用"止"让他安静下来，不要情绪化。如果你走了，对方会更愤怒。

答：对。如果你安定了，对方同样会捕捉到你的信号，因为就只有你们两个人，是有深度联结的。你非常平静，他能够感受到，他知道你还在关注着他。

038
觉察

词　解

　　觉察是对当下状态的觉知。觉察力是指你了了分明的能力，把身心放在现场的能力。内在越和谐，觉察力越高。

　　有觉察，能了解自己的内心是否离开了现场，并可以把你重新叫回现场；有觉察，能让教练不过分介入，不过分强调自己的存在；有觉察，能让教练剥离多余的情绪，看见更多真实，对于教练关系的每一个瞬间，对于关系中的些微变动，都十分敏感，使得教练始终处于适当的位置。

　　教练不但要觉察教练对象，更要觉察自己的状态。保持觉察不容易做到，因为人很容易被其他的念头带走，会离开现场。

　　事实上，一个人时刻保持专注是困难的，因为能量总有不充沛的时候，你会感觉疲惫。这时，自己要主动叫停，转换频道，先把能量找回来。有了专注，觉察力就回来了。

问 答

问：觉察当下是全息的吗？

答：对，觉察是一种全然了解的状态，并不是说你抓住一个东西不放，而是所有的东西都在那里，了了分明，是全开放的。对当下的专注，并不意味着对周遭的关闭。当下即原点。

问：所以，此时此地只是当下进入觉察的一个门。

答：不是一个门，而是一个中心，这个中心对周遭四方全部开放。它是无边界的，它看上去很宁静，但是又很活跃，包括看见的、看不见的，如心绪的流动、话题的走向、你此时的能量状态。你们关系的进展、话题交流得是否融洽、跟议题的紧密度如何、触及答案还有多远，你都会高度敏感。看不见的部分，就跟具象的物件一样，你可以随时取用。这是觉察力。

怎样才能做到这一点？要有高度的专注能力，专注在当下。当下是看上去基于任何一个点，无边界展

开，当然你真正到当下那一刻的时候，你知道任何一
个地方都是当下，任何一个地方都是此时此地，根本
没有那时那地。

问：一个合格的准觉察状态是什么样的？

答：如果就教练现场来讲，你能很清晰地知道你和教练对
象当下联结的深度和变化，对方的内心活动，还有你
自己内心的能量，包括你有杂念的时候能感觉到自己
的杂念，或者你们的话题有些偏了，等等。

问：所以说，自己的感受力和观察力加起来会接近所说的觉
察力？

答：觉就是感受，察就是观察。觉察更讲究内心的看见，
它没有判断，也没有预设。觉察偏重于进程，它偏重
于对信息的全然了解和接纳。

039
联结

词　解

联结的前提是共情。共情是体恤对方，和对方在一起。共情的基础是焦点在对方身上，这样才会知道对方在哪里。有共情，就会有联结。

联结给你的感觉是融洽，是和别人在一起，是多一份力量，会让你更有勇气去面对困难；教练对象也会多拥有一份协同感和被支持感，会感觉更安全和轻松，从而向你透露更多的真实信息。因为我们日常生活中更多的感受是不自由，是被限制、被规定，联结则会给教练对象带来一种妥当和自由感。

教练看似和眼前的人进行联结，其实是获得了可以和万物进行联结的感受和能力。如果你感受到和万物进行了联结，你才会理解"当下"的真实内涵和意义，真实的教

练现场才会存在，教练时刻也才会发生。因为此刻你拥有
了更强的抗噪能力，能量不会因受到冲击而有过多损耗。

　　向万事万物诚挚地问"你好"，就是练习与万物共情、
发生联结的方便路径之一。"你好"里有瞩目和关切，经常
问"你好"，你的内心会更多地充满喜悦和宽容，界面会更
柔软，和外面的世界冲突更少。

　　"相信"也可以帮你获得联结感。相信既可以获得力
量，也可以赋予对方力量。那是一种在一起的熟悉感和被
肯定感。

问　答

问：具备和万物联结的感受和能力，对做教练有什么价值？

答：为什么说跟一个人真正做了联结，就和万物做了联
　　结？其实不仅是一个人，你跟一棵树、一只鸟、一颗
　　你正在吃的葡萄做了联结，你也就和万物做了联结。

　　　　当年尼连禅河边有一群小孩问佛陀得了什么道，
　　佛陀拿了一个橘子对围坐的这群小孩说："你们看，我
　　现在拿起了一个橘子，我只是拿起这个橘子，我知道
　　我在拿起橘子，我剥开橘子时我知道我在剥开它，我
　　咬动橘子时我知道是在咬动它。我的所有心思、念

头，都只在这个橘子上，而且整个过程，我都和橘子在一起。这个时候我和这个橘子就是联结的。这个橘子对我来说才是真实的。"我们通常吃橘子的时候，很少如此专注，而佛陀讲的是他全然在感受这个橘子。他告诉这群小孩："我得的道，其实就是这个。"这就是今天我们说的正念。现在世界上也有各种各样的训练班，其中就有教你练习正念吃饭的。这其实也是沿袭了佛陀对觉知的了解。你全然了解你正在干什么，你就跟这个事物做了联结。

问：为什么这些东西大部分都不容易记住？我听你解释过好几遍了，但是要真正记在脑子里，很不容易。

答：走路的时候不看手机，只是走路，说的就是这件事情。

问：但是每一次你都需要解释那么长时间。

答：我觉得关于这些话题，再没有比佛陀的解释更有智慧的了。但是佛陀也只能打比方，因为联结其实不容易说清楚，只能体证到。我们现在谈论的是教练背后的深度修养，不是技术的部分，这本来就很难描述。

040
现场

词　解

现场是全息的。你的感受类似一种浸泡。

教练现场是教练捕捉信息最为关键的时刻。现场的信息最及时、生动、真实，因此用这些信息作为作业素材也最有效。教练效果往往取决于教练捕捉现场信息的能力。一个教练完全处于现场，并影响教练对象也全然在现场，是极其不容易的。

现场能否完整，往往取决于教练进入现场之前的能量状态是否平衡。你越平静，现场越完整。现场是创造教练时刻唯一的机会。教练时刻是一次巅峰，是空空如也状态下的一会，气象万千。教练只有空空如也，才能真正在现场，一旦把自己的预设带入，现场的真实性就不存在了，会出现纠缠，局面会令人沮丧，很费力气。因为教练时刻的到来是一次荣耀，会照亮一切，所以一定要把现场管理好，好的现场一定会带来教练时刻。

不好的教练现场就会有不完整感，双方杂念纷飞，很紧张，各自都在自己的立场里，小我很大，有效信息好像都不在。这时教练要警觉，要检视自己，一定是自己的状态出了问题。有效信息不到现场，就决定了教练时刻不会到来。

如果教练双方都全然在现场，就是共生的状态，就会给双方带来满足感，有时候甚至觉得是一种享受。那感觉就好像是身边多了一个并肩骑马的人去踏寻胜景，或者共同去穿越一场黑暗。那是一次握手和拥抱，是心心相印，是被懂得。现场具有无比的穿透力，可以将过往和未来拉回到当下。

只有这样一次次的教练现场，才会达成一个圆满的教练旅程。

问　答

问：现场里提及的全息和浸泡，你能举例说明一下吗？

答：现场的"现"还有一个意思，是即时生发的、互为带动的、你无法预测的。这些现场生发的信息力量很大，需要教练有高度的自觉并善于应用，成为教练动力。这也是我说的全息的"息"的一部分。当对方内心深处脆弱的地方被触及，可能会出现情绪波动，而这种情绪直接影响到当下话题的进行。教练要觉察他的心思还在不在现场，探究问题的动力还在不在，思维是否足够清晰，是不是深陷在情绪中无法走出来，而这些信息都是我刚才说的全息中很重要的一部分，不是已知信息，是突然生发的、不确定的那些东西。

全息就说明了现场的力量。在教练现场，对方每时每刻的举手投足、声音、情绪、表情都含有内心深处不易觉察的内在的观点、立场、态度或者价值观。因此，教练需要在现场把自己浸泡在全息的氛围里。

浸泡就好比把一个东西浸在水里。浸在水里的意思就是360度全方位无死角、全身心地感知。这个水就是我们刚才说的全息的"息"。浸泡就意味着空间上教练要彻底在现场，全念都在；从时间上来谈浸泡，指的是教练要长时间地保持在现场，长时间地沉浸在里面，而不是说一会儿就跳出水面。浸泡体现了"现场"这两个字的力量和意义。

浸泡还有一个意思，教练要自觉去利用现场的全部信息，引领教练对象跟你一起浸泡在现场里，不要分神。这是教练的责任。善用看不见和未确定信息的

目的之一就是让教练对象和你一起进入他未必自己能
感知的场域。你把他引进来，因为你有觉察，你知道
这个地方对他有什么意义，你知道他这个眼神、动作
代表什么。你接下来的提问都是引导他不要离开你们
共建的这个场域。因为他泡在这里面的时候，联结和
共识就相对容易达成。如果教练不能把教练对象带入
一个共同的场域，就是没有利用好现场。

问：我以前一直对开会场所的会议桌的摆法、大小等问题特
别在意，每一次会前都会和同事布置好，然后我还要检
查一遍。当你感觉大家走进会场就能够把注意力集中起
来的时候，基本上这次会议的气场就能够把握住。这是
不是跟你谈的现场是同样的道理？

答：你刚才讲的是显性能见的部分，不同教练话题适合的
环境也不同。有时候，环境还要考虑教练对象的特点
或者偏好。有的人喜欢相对封闭的、狭小的房间，感
觉人和人的距离很近，愿意跟你敞开心扉谈很深的话
题；有的人喜欢开阔的环境，这样才会让他放松。要
事先了解教练对象的这些特点，有时甚至要征询他的
意见。如果你跟他工作一段时间，通过观察基本可以
判断出他的喜好。只要你有高度的自觉，就会善用，

从而获得超出寻常的力量。现场的信息就会替你说话，替你帮对方打开，他会触景生情，聚精会神，让话题开启并逐渐深入。

如果是团队教练，现场就会增加人与人之间的关系动力。现场的信息也不再是一对一。假使你的主教练对象仍然是一个人，旁边其他的人员也是教练过程中你要利用的信息和资源，你要高度自觉。这也属于刚才说的全息的一部分。

问：如何更好地让自己在现场？

答：你之所以不能关注对方，是因为你的能量值太低了，拿不出余力去应对现场。而教练对象在面对每一次教练现场时都不容易，所以教练要始终像第一次面谈一样认真去面对。每一次都是一样重要，一样不容易，因为各种不确定随时都可能发生，所以你要做好充分的准备。你要自省：我现在的状态对吗？能不能进入教练时间？我的情绪够平稳吗？身体的耐受力如何？精力够用吗？如果不够用，我有什么办法在这个过程中去妥善应对呢？最重要的是责任、良知，是恭敬、谨慎，因为这是对教练对象的尊重，也是对教练价值的尊重。唯有如此，才有未来。你没有任何侥幸的可

能，每一次侥幸都是对你职业操守的破坏。这需要高
度自觉。

问：如果教练对象对你说，"今天我们没什么事情可以谈"，
碰到这样的情况，怎么办呢？

答：这个问题很好，很考验教练的洞察力和提问的功夫。
洞察力是要辨析教练对象所说的没有问题是发自真
心，还是为了掩饰他的自尊，或者说他今天不在状
态，有另外一件更大的烦心事扯着他，他无心在这里
恋战。你可以通过提问来求证。第一种可能是，他不
是没有问题，只是不愿意跟你谈；第二种可能是，他
意识不到自己的问题；第三种可能是，教练对象确实
不在状态。当然，这一次教练活动是可以取消的，因
为他给了你一个间歇和思考下一步如何做的机会。

041

倾听

词　解

倾听是倾注了所有的心神去聆听对方，不仅是听对方所说的言语，还要听到对方内心的声音。倾听是向前倾身而听，是谦卑的姿态，表示足够的靠近、关切、接纳和尊重。倾听是深度地听、不迟疑地听、真切地听。

倾听不够，通常是因为主观判断导致的选择性聆听；倾听不够，也常常是由于教练没有足够的自信，担心对方认为自己不够专业，或者过于想表达自己，而表现出不耐烦和注意力不集中；倾听不够，更多的时候是由于不够在意和关切对方，缺乏足够的诚意，没有把关注的焦点全部放在对方身上。这些都会让教练离事实越来越远。

只有倾听，教练才全部在现场。

教练不能带着自己提前设定的逻辑和既有的经验去

听，要真实地看见现场。只有这样的倾听，才能提出真切的、教练对象真正关心的问题，而不是自己想象的问题。这样的提问才会有力量，教练对象也才会有真实的响应。

倾听有极强的感染力，会引动教练对象进入更加真实、自在、开放的状态，让对方的思绪更加自然地流淌，从而让教练捕捉到最全面的信息。

倾听表明教练有足够的意愿去陪伴教练对象，而被陪伴本身就会让教练对象找回力量感、被支持感；倾听会让教练对象处于如他所是的状态，而不是教练期待的状态。这会使教练对象重现生机，从而更有能量去靠近答案。

倾听几乎是教练内涵的全部。倾听源自诚意，是达成共生的桥梁。

问　答

问：倾听几乎是教练内涵的全部，提问是教练的重要工作手段，倾听和提问之间的关系是什么？

答：在教练的实际进程中，倾听就是一种最好的提问方式，你的倾听会引发教练对象去深度阐述。原因是，他感觉到被一个人全面深切地关注，他会觉得自己的阐述是有价值的、有意义的。此刻，那个全神贯注倾听的教练，就会成为他的另一个自我，他更愿意把话题充分展开。

倾听意味着教练六根统摄，各种身体语言都是提问的方式，这是教练进程中的艺术，但容易被忽略。倾听至少是有效提问的重要基础和前提。倾听是一种态度，是诚意的体现。如果不倾听，会造成双方之间存在距离，事实也就不会被呈现。

提问的立场和视角比语言能力更重要，提问和倾听的目的都是让教练对象更多地表达事实，提高发现问题症结的效率，从而更好地推进教练议题。

问：教练的语言沟通能力和表达能力是不是也很重要？

答：这在提问和语言这两个词条里会提到。这两个能力当然重要，但更重要的是态度。在表达时教练也要多用教练对象的语言，这样双方才能产生更多的共鸣。

042
能量

词　解

能量是一种场域，是一种能被你感知的看不见的力量，它包围着你，可以让你忘掉自我，可以帮助你和当下建立真实有力的关系。

好的场景设置会让教练关系能量处于高值状态。教练能量值高，会产生不教而教的作用，因为教练让教练对象内心更加开放，如沐春风。

教练对教练对象的能量值也要敏感，要全然感知，只有这样，教练才知道如何去赋能，使对方继续向前迎接问题。

最需要警示的是，教练不知道自己的能量值已经下降了，或者知道已经下降了还要伪装，弄巧成拙，最终失去教练对象的信任。

如果教练发现自己能量处于低值状态，要如实告知教练对象并及时叫停。这恰恰是对教练关系的保护，这是诚意。

问　答

问：在私董会现场，我发现当提问非常有力量时，所有人都会全神贯注。如果连续三次提问都没有力量，现场就会冷下来。作为教练，对此马上就会有感觉：那个场域有问题了。也就是说，大家注意力集中不起来了，我就会站出来，重述这个问题的核心应该是什么，不然这个场域里面就没有能量了。在一对一的教练当中，是否也要关注自己和对方之间能否传递有力量的问答？我觉得现场的能量和当事人是否分心很有关系。如果发现现场能量不够，教练是可以提出暂停休息的，对吧？

答：对。能量其实还有一个交换的特性，因为能量实际上一直处于流动中，而且越交换能量越大，从而扩大场域，所以不论是团队教练还是做企业家的一对一教练，你都要始终关注能量的交换状态，要激活教练对象能量交换的愿望并提升交换频率，也就是要处于一种活跃的、不断向上攀登的状态。教练一开始就能很好地使对方启动能量，这很关键。通过提问、追问，让表面问题背后的真问题暴露出来。当真问题暴露出来的时候，才会引起能量的震动，大家才会认真面对。私董会上教练的作用之一就是激活现场的团体动力，但最好不是由教练直接给出答案，包括你说的重述问题的核心，而是要让这个群体内部互相带动，让他们的能量流动起来，发生能量交换，譬如你可以请小组的某位成员告诉大家问题的核心是什么。

如果发现现场能量值低、交换停滞，有一些方法可以调整能量，比如空白、活泼、变奏及立于退尺之地都是调整能量的手段，采用这些手段是为了重启能量，然后进入新的交互状态。最重要的是教练不能掩耳盗铃，要承认现场的低能量状态，要用谦卑的心态问询教练对象，他现在真正感兴趣的问题是什么，当下的话题走向是不是需要进行调整。

问：要在能量管理过程中启发教练对象，而不是给出答案，这很重要，但也很难做好。

答：教练不要担心局面失控，这里有一个相信的问题。有时候你让局面失控一段是为了更好地控制，失控的那个阶段也会暴露更多的真实；另外，团体动力本身有自我修复功能，到了一定时候，那个机制会推动一个人站出来，这个人会使事情的走向发生改变。这都需要教练的相信。

问：能系统说一下能量管理吗？

答：不管是团队教练还是一对一教练，在教练活动开始前、过程中及结束前，都要对能量进行自觉管理。尤其是教练活动的开始，它对接下来双方的能量交互至关重要。通常你要先让教练对象回到现场，回到和你在一起的教练场域里。你要先让他的能量活跃起来，这需要教练对教练对象的认知习惯、教育背景、信仰、阅历、喜好，都保持敏感并进行洞察，以便在一开始就能激活他的动力。有些开场的交流议题看似跟教练议题没有任何关联，但对于激活当事人的能量状态极为重要。在进行团队教练活动时，一开始也一定要进行能量的唤醒，一定要让现场温暖起来，人与人不陌生，关系不僵硬，可以感受到彼此的联结和善意。一对一教练时更直接，教练一定要表达出足够的善意和关切，让对方感知到。

教练过程中如果发现能量值低了，可以换频道，也可以再让对方谈他最感兴趣的话题，还可以休息，有时候休息就是能量的重启。最后，当一场教练活动快结束的时候，可以让教练对象对今天这场教练活动里的几个能量的峰值点做一个回顾。这是对教练行为和教练时间的价值肯定，会把教练对象的能量再次调动起来。这也是一种记忆，会留在教练对象的心里并引动他下一次见你的意愿。

043
意义

词　解

意义是我们做任何事情的指引，是让我们遇到挫折的时候有不止的激情、愈挫愈勇的根本动力。

对教练来说，要发现自己从事这个职业的意义在哪里：对自己的人生来说，这个职业的意义在哪里；对社会来说，这个职业的意义在哪里；对教练对象来说，这个职业的意义在哪里。在教练实践中，遇到挫折是不可避免的事情，你如何不被这些挫折打垮，而视它们为积极向前的机会？意义会给你力量。

意义通常和人生的使命，或者说和你的人生终极目标有极强的关联性，而人生终极目标通常和社会本身就有客观的联系，这个交集是否正好与你的教练对象这个主要群体有重合，你又是否觉得教练这种方式是贡献价值的最佳方式？意义经常会提醒你为何而行动，要朝向何方，这样做是否有价值，是否符合自己的目标，意义可以不断地敦促自己。

如果不能发现意义，你遇到障碍的时候就很难调整自己的视角，也很难回到原点。意义会让你重启你的能量系统，会让你不断自我刷新；意义也会让你对做什么、不做什么、先做什么、后做什么有更清晰的认知，能够尊重内心并有勇气选择那个指向意义的道路和方式。

意义就是在这样一次又一次被不断地拿来照亮前路和检验的过程中愈加闪耀。教练每一次缔结教练关系，每一次阶段性总结，每一次教练周期结束的时候，都要拿意义这盏灯照一照。这一次教练关系的缔结对我找寻或"选择"的意义有助力吗？符合吗？靠近吗？如果找不到，我的人生价值就会打折，所以要把每一次的教练实践都视为不断点亮意义这盏灯的机会。

意义和你的价值观紧紧相连。意义模糊，也就意味着你这盏灯上被抹了很多乳胶，阻碍了光的照射，它对你人生的诸多实践就不能起到照亮和指引的作用。意义会让你严阵以待，正视自己的问题，回到正确的轨道上，做最有价值的事情。

问　答

问：一个教练要找到他作为教练的意义，途径在哪里？

答：通常你进阶到一定程度，你的职业发展就会遇到瓶颈，不管是技术上的突破，还是荣誉，都很难再刺激到你。如果你在一个领域里走深了，自然会有这种感觉。这个时候，能够让你有突破的就是这个意义，你必须发现你正在从事的这件事的意义。

问：是的，这个还是讲的意义的作用。

答：你已经找不到动力了，一定要突破。如果你想继续平庸也就无所谓了，这就是个推动力。

问：想清楚才能往前走，还能给你带来巨大的能量支持，想不清楚你就走不下去了。

答：有这个意愿，你才能发现支持你的力量在哪里。比如你可以找更资深的教练，去进一步学习，去进一步思考，然后你才会碰到机缘，比如说有可能碰到这本书，你看了以后就明白了，原来是这样，我无法突破是因为我没有找到意义，我得找一找。另外，你遇到障碍的时候，有可能受到来自教练对象的启发，他会给你点亮希望之灯。用心做事，投入诚意，这个过程中自然会发现找到意义的途径。

044
感知

词　解

　　感知是经由感受，上升到理性的、清晰的认识，是教练的基本素养和功夫。

　　感知的基础是感受力。感受力是不紧绷的接纳，不是先用大脑判断，而是用心感受的。感知是更全息的收纳。过早判断会降低感受的丰富性。太多的重要信息隐藏在语言和情绪背后，感知会提高你的提问能力和倾听的质量，避免被教练对象操纵或者误导。

问　答

问：教练要把用心感受到的东西快速上升到理性层面，成为
　　自己的一种认识，这个能力对教练特别重要，对吗？

答：对，但是这种认识要小心使用，因为弄不好就变成了
一种强判断力，主导你对这个事情的观点和方向了。
如果只是有了这个认识，也要尽量把它放在那里，作
为你与教练对象进一步交换意见的参考。你可以把你
的感知说给教练对象听，但并不意味着这是对的，你
说话的口吻和态度很重要，比如："通过这种感受，我
这样描述，你觉得这是你的想法吗？"教练形成认知
以后不会要求教练对象这样做出判断，而是会让教练
对象来对照一下感知到的和内心所想的。这个感知可
以帮助教练提出更好的问题。

问：就是说，对教练来说他的能力和素养很重要，但并不意
味着要告诉教练对象应该怎么样。当教练有这个感知的
时候，是提高了自己提问的能力，这样能够帮助教练对
象早一点儿找到问题的真相。

答：是的。

045
关系

词　解

　　关系在究竟意义上是指这个世界存在的本来的状态，没有关系就没有这个世界。万物相连，没有任何一个事物是不经由其他事物而独立存在的，所以，万事万物都是前后相生相克的关系。这里面有一种基本关系，通常是相对的，是有矛盾性的。

　　教练与教练对象当然是这样一种相对的基本关系。教练双方基于议题有共同约定的教练目标，是相互支持的伙伴关系。这要求双方以诚意为基础，在驶向目标的过程中共生价值。教练对象邀请教练进入自己的内心，和自己一起打扫内心的角落、面对艰难的境遇，这为教练创造了机会。教练不但可以让自己的教练功夫得以提升，更可以看见更多的风景，涵养自己的人生。尤其是当教练面对的是取得过巨大成就的企业家时，他们每个人都是一座高山，客观上有太多值得教练用心学习的地方。教练当然要视此特权为荣耀，恭敬谨慎。教练所有的修养都是为此关系所做的准备。

教练对象当然也要明白自己开启了一段非同寻常的关系。你要向另一个人袒露内心的脆弱，邀请他来支持你穿越困境，唯有保持开放和尊重的心态才可以尽快抵达目的地。你需要明白，教练不是直接给你答案的那个人，尽管你在问题中感觉很煎熬。教练一开始就会尝试让你了解真正的答案就在你自己那里。教练虽然偶尔也会扮演导师或顾问的角色，但更多的时候是坐在你对面启发你的安全可信赖的思考伙伴，所以，你需要一点点耐心，多多体会自己遇见答案的喜悦心情。你对了，就能把事做对。这是教练的信念。

如果教练双方都做好了这些准备，一场值得期待的共同发现之旅就可以开始了。

问　答

问：怎样才能在缔结教练关系之前，就能让教练对象对这样的一种关系有所了解呢？比如说，什么是进入我的内心？什么是互相支持？我没有被教练过，我不知道啊。

答：初见很重要，第一次见面就要让对方清醒地认识到教练到底是什么，教练关系是什么关系。你可以邀请教练对象对刚刚过去的那段时间做一个总结：从这个过程中发现了什么？感受到了什么？看见了什么？教练应该扮演什么角色？教练对象应该扮演什么角色？通过这样的询问，让他自己来讲。

问：能讲出这些就非常好了，让他通过一次体验教练的行为，就能了解到自己的角色是什么，教练的角色是什么。

答：还有为什么这个议题找教练来支持是最有力量的。

问：在教练关系当中，最不可以让对方误解的关系是什么？

答：答案在教练对象自己手里，这是最重要的，这会影响接下来所有事情的进展。

问：那怎么才能让教练对象相信答案在他自己手里呢？

答：可以通过现场教练让教练对象对问题有进一步清晰、靠近答案的体验：我清楚了很多，但是教练并没有直接告诉我，他只是问我，这些答案其实都是我自己说出来的，只是如果没有教练的提问和启发，我很难找到这些视角或者线索。

046
共生

词　解

　　共生，是对彼此利益的发现和照顾，是对共有资源的协同使用和占有，一起生发出新的价值。共生要先认识自己的本分，知道自己站在哪里，不要轻易侵犯别人，有对规矩的尊重，对法则的信仰。

　　共生不是毫无冲突，而是有建设性的，通过张力，让真实状态更多地呈现。共生里也有妥协，犹如两棵长在一起的树，一开始会有冲突，后面会妥协，形成共存的关系。

　　有诚意，才会有共生。这是教练关系的本质。

　　共生是教练价值实现的必由之路，是双方相伴靠近答案、确认答案、采取行动过程中彼此赋能。双方都感受到了来自对方的相信、谦卑、交付和专注，也就是诚意。

　　教练时刻是共生的最高境界，教练双方可以体验到高度的和谐与自由。

问　答

问：只有达到共生，才真正完成了一段关系的价值贡献？

答：是的。

问：共生是一个什么样的状态呢？

答：共生就是相互促进、彼此相连，很清晰地感觉到对方
　　支持自己，因为对方的存在，自己成长得更好。当
　　然，事实上也是如此。

问：处于共生的教练状态，连教练都能感受到对方的支持吗？

答：在好的教练关系中，教练对象一定会推动教练的成
　　长，因为教练从中会获得非常多的启发。有时候教练
　　对象的视野非常开阔，尤其是企业家，他们并不缺少
　　洞察力，也有决断力，有极强的人格魅力，他们表现
　　出的那种勇敢、坦荡的人格特质，如果教练略有知
　　觉，就会从他们身上汲取非常多的力量。

问：这些会帮助教练共生出什么呢？

答：勤勉、惭愧心、诚意。你会更加相信教练对象，更加谦卑，更加有交付心，更加专注。这些当然会推动你快速向上。即使在同一个教练议题里，也存在共生这样一种体验。这个就是教练时刻，是一种高度的自由和默契。

问：看来共生还不是一个单向的引领带动的过程。

答：不一定是教练议题最终结果的达成才叫教练时刻，它是一种教练关系的情态。哪怕是还没有到达山顶，但是大家一起飞行了一段，从 3 000 米到 5 000 米携手飞行，这个过程中大家迎着微风，听见鸟叫，看见彼此的微笑，相互鼓舞，这一段时光也是教练时刻。

问：就是说教练时刻是一种教练和教练对象之间的深度联结、彼此相信，对于共同解决难题有高度的专注，彼此交付。对于飞到 8 848 米，有更坚定的信心、更大的勇气，是吗？

答：是这样的，这个就是共生的最佳时刻、最佳境界。

问：那个时候是高度平等的，也可以说那个时候又到了一种新的平等的境界，就是彼此支持和贡献，是平等联结，而不是上下联结。我以前理解的教练时刻，是这个教练飞得很高、功夫很深，是教练对象挂在他身上。

答：**教练关系中有个词叫共情，共情之后才会有共生。**

问：到达共生的时候，是不是可以理解为教练和教练对象在那个时刻没有那么清晰地区分谁是教练、谁是教练对象？因为互相给予，是一种相融的状态，至少当时的体验是真正的伙伴。

答：**之所以还能够辨析谁是教练、谁是教练对象，是因为有一个人是问题拥有者。**

问：你提到的山顶是教练对象要越过的山顶吗？

答：**对，教练获得的是一种客观体验。**

问：教练双方没有达到共生之前是什么状态？

答：**教练过程显得比较艰涩，有隔离、有障碍，联结感比较差，没有产生共情。**

问： 共生是逐步达到的吗？

答： 一般来说是这样，要看双方共同的素养。当然说到底主要看教练的素养，看教练是否能够迅速切到问题的核心。

问： 那没有达到共生，是不是这个议题也有可能解决了？

答： 我们谈的是一种修养，如果问题解决了，一定是有共生的。

问： 教练是跟教练对象共同找到这个路径的，所以教练对象下次遇到同样问题的时候，应该是可以自己解决的。

答： 对，教练是赋能者。

047
人格

词　解

　　自然人格，是指把职业标签去除以后的自然人的身份属性。自然人格是源头活水，要善用。

　　作为教练，始终要高度自觉如何把教练对象的自然人格和职业人格联结起来，要用心分析和运用自然人格的核心部分，使其不变形并支持职业人格。

　　教练一定要弄清教练对象自然人格里的忌讳，隐藏得最深又脆弱到不能碰触的点，并知道其因由，才能善于体恤，否则教练进程的推进会受到阻碍，甚至会适得其反。

　　要让教练对象自己发现两种人格之间有没有冲突，这是个底层秘密。要帮助教练对象接纳他自己，要用各种手段让他确认他的自然人格可以为职业人格提供支持。只是一定要有耐心，不能牵强，只能随机而动。

　　针对教练对象职业场景中不能穿越的部分，教练要和对方一起探索，最好让对方自己找到那些通道或者联结点，逐步给他带来全新的体验，增加对方与你一起探索的信心。

　　通过联结，把自然人格里的基本信念作为职业人格的底层能量供应，会让对方觉得只是在做自己。人在做自己的时候有强烈的自我实现感，不扭曲、不迟疑、不左顾右盼，纯粹而饱满。这时人是自在的，是能量最为充沛的，也是最可持续的。

　　当然，这个人格联结的通道，需要教练和教练对象长时间地看护和保养。

问　答

问：你说这是你作为教练的底层秘诀，为什么？

答：一直有人问我，做教练有什么秘诀，我思考梳理过后发现，这可以算是我的秘诀。虽然我把秘诀说出来了，但在运用时大家还会觉得有障碍。

问：障碍在哪里呢？为什么会有障碍？

答：这个秘诀是一个路径。如果把这两个人格比喻成螺丝，我说的联结就是你一定要把这两个螺丝拧在一起。首先，你要懂得辨识螺丝，也就是对职业人格和自然人格有很强的洞察和识别能力。其次，如何联结起来？如何把握时机、分寸、节点？这都需要教练有修养和功夫。

虽然运用很难，但是懂得这个路径的存在，并保持自觉还是很重要的，至少你知道需要保持对教练对象这两个人格的关注和了解。至于联结的部分是做得深了还是做得浅了，做得严丝合缝还是差一点儿，这是教练的功夫，也是解决问题的关键点。它会给教练指示一个方向，让教练在自觉中帮对方找到问题，教练对象可能不知道你为什么问这些，他只负责回答。当问题呈现的时候，他就明白了。当然，这需要不断练习。

问：嗯。这让我想起 S 总，他听说有领导力培训，第一个报名，还安排了公司里六个人来参加。但是当他参加具体课程时，他又持否定的态度，表现出两面性，差异非常大。我一直看不懂，我也没从人格的角度思考过。

答：S 总需要一位资深教练去了解他为什么会这样。教练要跟他像聊天一样了解他的成长过程，从他记事起到现在一定发生了一些事情，只是他不知道这些事情对他今天行为的影响。他的创业历程上的一些重大事项也要了解，那些重大事项未见得是大家看见的事，却是对他内心有重大影响的事。

问：你是说，他可能受过很大的挫折，对他产生很深刻的影响，所以造成了这样的两面性？

答：有可能。

问：是因为他在人生的道路上受到过比较大的挫折，或者说打击，所以会有特别恐惧的心理吗？

答：有时因为在内心很难真正建立起对别人的信任，所以他会一直保持怀疑。

问：但是，他对人又很热情。

答：就是因为他知道自己不信任别人，所以才要装出热情的样子，他的工作要求他做到，他在人格上其实是分裂的。了解了这些，就可以对他进行教练了。因为他值得信赖的朋友太少，很孤独，所以你就有机会走进他的内心。

问：我觉得很难走进，怎么办呢？

答：处于分裂中的人，是不安的，也是不快乐的。这与他
　　生意的大小无关，而是他的内心缺少幸福感。人格上
　　的分裂本身很痛苦，但这个痛苦无法言传，又没人帮
　　他破解，如果你帮他破解了，这个价值就很大了，也
　　会成为他让教练走进他的内心去解决问题的动力。

问：但是通常这种人很骄傲，他不认为自己有问题。

答：是的。

问：他拒绝所有人，我该怎么做？

答：刚开始都是这样，他能成为成功的企业家，身上一定有非
　　同寻常的地方，正是因为这样才值得去教练。他刚开始骄
　　傲很正常，毕竟他在事业上取得了巨大的成就，符合一般
　　人印象中值得骄傲的所有条件。别人离他很远，根本没
　　有机会看到他的痛苦。教练要帮他从痛苦中抽离。他不
　　认为自己有问题就是他的问题，也才需要我们帮他解决。
　　　　教练如何入手很重要，你跟他谈的时候恰恰不
　　要让他感觉是在谈问题，这样才不会引发对方的防御
　　心理。比如，教练可以从谈自我的童年和成长经历开
　　始，引动对方的共情，让他的内心发生共振。在这个

时候，他防御的盔甲会悄然卸掉，他也会回到自己成
长的过往，这其实是在引导他呈现自然人格。

　　这样就开了个头，一次讲不完可以分两次、三次
讲，你再了解他现在企业发展的历程和重点的事件，
你会发现，他管理普通员工、部下、合伙人跟当年对
待同学、同桌、老师的方式很可能是一模一样的，几
乎是重演一遍，这就是我说的职业人格和自然人格，
你要观察这两条路径有没有交集。

　　陈述的过程本身就很有力量，会拉近教练和教练
对象的距离，而且他自己都不知道已经靠近了你，不
再保持高度的警觉。这个需要教练有高度的倾听和辨
析的功夫。

　　你知道和不知道这个人格联结的核心问题还是有
差别的，知道了就会动脑筋去想怎样找到这个联结部
分，而不只是揪住他的表面问题不放，因为那个问题
是你认为的问题，这一定要让对方意识到才行。你要
真正地站在对方的角度去想，要有体恤心。你越急躁、
越批评，他越反抗、越逃避，这是人性。教练的功夫
要能够让对方在人格联结的过程中感觉并不艰难。

问：你是怎么发现这个教练的秘诀的？

答：在中国，带着高度自觉来做企业家教练的人中，我的

时间算比较长的，大概可以从 2005 年算起。回顾一路走来的教练历程，才发现我会始终抓着这个东西，始终在这个地方工作，成功解决了一个又一个艰难的教练议题。如果说我做企业家教练还有一点成绩，这算是一个秘诀吧。

问：你觉得这个秘诀是不是可以传授，是不是可以成为教练工作的指导？

答：我觉得可以，它是一个方向指南，因为它具有一般性意义，不是只适用于某个具体教练对象；同时它也是可以学习的，通过训练，懂得辨识人们的自然人格和职业人格，了解怎么入手，这是有方法的。职业人格的辨识更容易一些，大家比较好理解。

问：我们再以 S 总为例来讨论一下。当年我们在做领导力培训的时候，我是他的教练。我当时就发现他在工作方法上有些问题，我发现他做了很多秘书的事，事无巨细。当时我没有从他的内心去辨析问题，只是指出他工作现象上的问题。教练不能就事论事去谈表面的问题，要关注行为背后的人心，我觉得这是一个关键。否则，你指出了他的问题，他可能也都接受，但就是不改。

答：是这样的。而且他甚至不知道他为什么老犯这些错误。重犯的时候，他自己也很困扰，而教练是能帮他找到这个根源的。通常专业的顾问会从业务模式上给他一个解决方案，他也想推行这个方案，但就是做不到。这就是内心的问题，心智会影响行为。教练会从内在动力入手，找到他内在问题的根源，解决他人格不联结的困惑，然后给他的职业行为以支持。

问：我总结一下，首先要从更深入的人格视角去看问题，从心智模式去看问题；其次明确由谁来说出问题。他不认账，也不觉得刻骨铭心，其实也许是他心里面在对抗。

答：是，这是教练工作的第一步。我们帮对方发现了内在原因，对方也有意愿改变，但过程中依然需要陪伴。因为他已经有了几十年形成的习惯，已经固化的心智模式的力量很强大。即使他知道原因，即使他想改变，找到了内在的动力，依然很艰难。加上很快他就会回到现实的职业环境，环境会把他拉到旧模式中。教练要不断给他支持，要和他直接管理的关键人员建立沟通，让他们积极响应领导者的改变，推动改变的发生，所以这是个系统工程。只有在新行为模式成为新的习惯之后，教练才能撤离。教练对象往往并不知道他行为上的反复，对组织的破坏性和对自我的伤害性更大。

048

信仰

词　解

教练对教练对象的宗教信仰要有关切和自觉。

要先了解教练对象是否有信仰，如果有，要尝试善用这个部分，因为在这个信仰体系里，有让人感到安定的东西，由此容易抵达他的内心。

不要质疑对方的信仰。在给予充分尊重的前提下，要尽可能多地用对方信仰体系里的语言和逻辑，去帮助对方逐渐揭示问题和接近答案。

了解教练对象的信仰，也可以避免让对方感觉不舒服，甚至避免说出或做出教练对象的信仰中被视为禁忌的语言或者动作。

教练当然不能把自己的信仰强加给教练对象，如果对方没有宗教信仰，那就更不能轻易动用带有明显宗教信仰的说辞。这很微妙，要有分寸，即使要用，也要转化成对方熟悉的语言体系，并体察对方对此是否陌生、是否反感。

如果碰巧双方有共同的信仰体系，这当然会加快彼此走近的节奏，方便建立信任感。但教练要有更多的自觉和清醒的认识，不要陷入信仰体系的讨论，不要避开问题的核心，也不要忘了教练的本分，这需要教练善加把握。记住，你既不是牧师也不是法师，你们之间的关系是有契约的信任托付关系，有明确的工作标的和责任。

问 答

问：教练并不需要利用信仰来工作，但是需要对信仰问题高度自觉，为什么？

答：因为教练关注人，而信仰关乎一个人的内心。每个人行为背后都有内心深处的动机，而信仰是内心很底层的系统，牵涉对自我、他人及各种关系的认知，所以会直接影响到教练对象的行为，包括商业行为。这是可以善用的重要资源。当然，这对教练的要求也很高，要懂得识别，要知道分寸，并拥有变通的能力。教练在涉及信仰系统的讨论时，不一定要带有明显的宗教色彩。

　　我在撰写本词条时特意以宗教信仰为主要阐述的内涵，因为这是大家的一般认知，其实信仰跟宗教没有直接关系。作为教练，你要了解对方现在对宗教或者信仰的认知水平在哪个阶段，即使讨论涉及信仰，教练也要尽量不使用宗教性的语言，而要尽量使用教练对象听得懂的语言，尽量不突兀。因为教练用教练对象熟悉的语言越多，越容易被接纳，这样做的目的是启动对方的内心，有时候教练说一些宗教词语反倒容易形成新的隔膜。这是教练要注意的一点。如果对方的宗教信仰跟你的宗教信仰不同，或者你本身没有宗教信仰，就要尊重对方。如果你了解对方的宗教信仰，就会唤起对方的亲切感，比较容易相互理解和介入，会比较有共鸣，这对教练的要求也很高。你对对方的信仰不能一知半解，如果你知之甚少，最好不要涉及这个话题，免得使双方产生新的沟通障碍或偏离核心议题。如果两个人在同一个信仰体系里，使用体系里的词语、观念来谈论当下要解决的困惑时，会很有力量感，两个人容易达成一致的想法，沟通起来比较有默契。

问：教练要对宗教非常了解，成为专家吗？

答：不要求教练对宗教非常了解，但不能道听途说，否则会有副作用，会引起教练对象的反感。我们谈论这个话题的现实意义是，教练在教练过程中有可能碰到这个话题，所以有必要谈一谈怎么面对、应用，以及应该注意什么。还有一个原因是，当下一些年轻人会一知半解地使用信仰体系里的词语，最后把自己搞得很被动。不了解宁可不用，你可以对教练对象的信仰有觉察，但是不要轻易涉及。

问：要做一个好的教练，是不是要对主要的宗教、门派有一个基本的了解？

答：那当然是好的。这属于教练修养的一部分。对人类各大宗教思想，尤其经典教义的学习，对一个教练来说很重要。你解决的是复杂的内心问题，而信仰体系里的某些东西很有力量。即使没有遇到有信仰的企业家，你了解这些东西也会对自己的教练实践有帮助。

　　当然，最主要的还是教练在人格上的准备。你可以不了解宗教，但是你一定要有一颗利他的心、专注的心，你不用了解这些复杂的宗教知识，也可以和对方一起找到答案。

049

中和

词　解

　　中是始终处于原点的位置，始终在正念的状态里；和是指与周边的关系很融洽。正念就是在当下，是极致的专注。把所有的念想放在当下的行为里，这样才能与周边的关系不冲突。

　　只有诚意才能回到"中"的状态，共生就是"和"。

　　"致中和，天地位焉，万物育焉。"教练双方都要自觉守住自己的本分，各就各位，这是双方都感觉放松和自由的基础。教练关系正式缔结之始，双方就要对教练议题和相关约定澄清和反复确认。更重要的是，教练要基于足够的存养，每次教练时间都自觉以诚意赴约，营造平和的场域，从而引发教练对象如实地面对议题，扮演好自己的角色，推动双方能量的正向交互，迈向理想的教练时刻，我们期待的教练成果就会自然地一次次获得。

问　答

问：当教练清晰地意识到自己其实与中的状态还有距离的时候，他应该怎么办呢？他还能开始一段教练关系吗？或者说在这段教练关系当中，怎样始终保持自己在中的状态或者靠近中的状态呢？

答：我们谈论的是教练的修养，提升修养有一个过程，很难一下子就达到中的状态。中是一种至高的境界，是我们的理想，就像教练时刻也不是轻易能够达到一样。我们有了这份自觉，就知道平常严格要求自己，认真存养，每一次都无比认真地对待教练行为，认真地检视，敦促自己向着理想的目标不断进发、不断靠近，一次又一次地靠近，这个靠近的过程也是提升修养的过程。最重要的是对这个靠近的过程有自觉，今天进步一点点，明天又进步一点点。这需要在大量的教练实践中不断去体悟。

问：怎么才能知道自己是够格儿的呢？

答：我们这里更强调的是修养，是诚意，你有那份心，你有强烈的意愿，你有相关的存养，就可以去尝试。教练对象给你的反馈是最有力量的，一次又一次，十次都失败了，你根本都进行不下去，别人也不愿意付费给你，那你就知道需要继续学习了。当然，如果有杰出的教练前辈，能够不断给你机会去观摩、学习并用心指导你，那是非常有益的。

050
权威

词　解

权威实际上代表了一种标准和方向，在教练关系的互动中，它也是一种能量。在教练关系中不同的议题阶段，权威是互置的。

在教练关系最初的阶段，教练扮演着权威的角色，在议题的进展方式上，教练对象要相信教练的专业能力，这样方便教练向议题深处挖掘，减少不必要的障碍。

在阶段性回顾和评估的时候，教练要把权威让渡给教练对象，了解教练对象有没有靠近答案，对解决问题的感受如何，是否获得了新的能量等。教练应该接纳这样一个以教练对象感受为主要基准的评估结果，并视之为推动议题进展及提升教练修养的一份贡献。

　　议题本身遇到挫折的时候，教练又要把权威拿回来，这样能量才会充沛，表达才不会模糊，这个感觉很微妙。你要带着这份觉察，看看权威是不是转移了，是否和当下这个议题进展的节点适配。教练该拿回权威的时候就要拿回，不能轻易地、不自觉地把权威让渡出去，否则会使教练现场的秩序混乱，教练进程也无法正向推进。

问　答

问：人们通常认为给出答案的人比较容易建立权威，教练是以提问为主的，怎么理解教练权威的建立呢？

答：你要安定，这个安定，不是表现在你谈观点时，而是表现在你对问题的追问上。追问的方式要温和，但态度要非常坚定，这会让教练对象无可回避，必须正视这个问题，穿透盔甲，正视自己内心的脆弱。当然，问题里面要带着帮对方发现真实问题并找到答案的善意，这也要基于洞察力。

　　某个环节越是让教练对象不舒服，甚至在某个议题上感觉有点儿被逼到绝境，越意味着某个答案就要来了，这符合事情的规律。就像穿越洞穴，你觉得气力要耗尽的时候，突然就看到了光明。教练对象的内心深处度过了这个艰难的时刻，豁然开朗，那个印象会非常深刻，而权威正是这样建立的。

问：穷追不舍，我不忍心。

答：基于洞察和善意，你就容易知道追到哪里为好，所以通常教练对象最后回忆起来跟你在一起的美好时光，正是这个部分。他会说："上一次你问了我一个问题，我当时一头汗，但后来觉得很轻松并且有了突破。"关键是你的出发点，绝对不能表演。

　　所有的人都愿意保护自己，都愿意证明自己是正确的。为什么说教练要有交付的心？你的心要在对方身上，要感同身受，你问某个问题是为了帮他找到答案，而不是说你找自己的感觉。教练对象的回答有可能会让你惊讶，那正是教练对象对你的贡献，你要顺着他的真实回答去看他是怎么想的。如果你不问，你只按你的观点去批评对方，那不就掩盖了对方真实的逻辑和路径吗？又怎么能帮教练对象进行自我发现呢？

问：通过我的提问，让别人来发现自己的潜力，找到自己的答案，我觉得自己这方面的能力还是很不足。

答：有能力的人一般不善于倾听，喜欢给指令，因为他给
　　的指令大部分都挺对的。待到自我超越之后，内心变
　　得很平和，自然就会倾听和提问了。这样赋能给对
　　方，才能建立更真实的权威。这是一种教练的修养。
　　我写这本书的目的就是抛砖引玉，提醒大家教练的修
　　养有多么重要，要对这个行业有敬畏心。

051

顾问

词　解

　　教练和顾问看起来是不同的职业选择，实际是不同的心智模式在你内心所占比例呈现出来的一种现实反映。

　　如果你做顾问，你可以不断给别人答案，在给别人答案时有一种自我成就感和喜悦感，觉得你可以解决问题，但这种成就感是属于你个人的。如果你不断有这种美好的体验，那顾问这种心智模式就会占比非常大，就会抢夺你的心智空间。

　　如果你因为做教练获得的美好体验开始增加，你也许能体会到这种喜悦要深刻得多。这种体验是：你不断看见教练对象被你赋予解决问题的能力，看到他拿到答案的喜悦，你因对方的喜悦而获得喜悦。但是这种喜悦不经由自己的一次次体验，你是无法知道的。

所以你必须一次次经历，体会成全别人的快乐，体验别人经你赋能而把不可能变成可能的深度快乐，慢慢地，这种体验在你心智中有很大的占比，并不断扩大。看起来好像是你在职业上发生转型，其实是你的心智模式发生了变化。这个时候你才是真正意义上的教练。这叫体验，而不是理论上的"应该"，这不是职业的分别，而是你内心体验到什么可以给你真正的快乐。

趋向快乐是一种天性，你会自然地向能带给你美好体验的方向奔跑。要不断尝试，看你能否感受到因给别人赋能而获得更大的快乐。

问　答

问：这样和你对谈下来，我越来越理解教练和顾问的差别了。

答：我在跟你谈的时候，也在不停地检讨，我自己做的大概也只有70分，还有很大的提升空间。即使有时候我讲故事，也是扮演导师的角色多一些，相信答案在对方心里的信念还不够强大，也需要进一步训练。中国企业家的情况很特殊，他们同时需要导师和顾问，这使我在面对他们时还能应对。

问：在中国，当客户有需求的时候，为什么往往从导师和顾问开始？

答：因为教练对象也不知道教练和顾问的差别，关键是能解决自己的问题就行。从我们这些持续以此为职业的人的角度来讲，还是要有高度的自觉，不断地向前精进，以创造更大的价值给对方，让教练对象找到更大的自信，受启发而不是直接从我们这里拿到答案。这是一个非常大的挑战。这也是我很感谢教练对象的原因，他会推动你，给你带来很多的思考。他确实会把你的利他心逼向一个深度。

　　深切的关心是必需的。你必须相信对方，教练进程才可以持续，这些都是教练对象不断让你感受到的。你非常了解教练和顾问的差别是什么，为什么行为还会偏向其中一种？就是因为两种角色给你带来的体验不一样，如果做顾问的美好体验远远超过做教练给你带来的美好体验，你会自动重复顾问的心智模式。

问：有时候我觉得教练对象提的问题不行，教练解决不了他的问题。

答：如果他的议题是顾问议题，你可以建议他找一个顾问，顾问是解决具体问题的，教练是帮助一个人持续成长，启动一个人的内心，让教练对象变得更强大，对自己认识和发现更多，促使自己找到答案。你看到这个场面很开心、很有成就感，这个开心和成就感超过了你直接给他答案的开心，你当然就会选择教练这个角色。

如果你没有答案在他那里的感觉，你自己没有信心，同时你又辨析出他的问题是顾问可以解决的那种比较具体的问题，你就不应该先开始教练进程。

问：企业家持续强大自己的内心，完成从专注技术到关注人的成长，这个过程是需要陪伴的。我觉得这两周和你的交流，至少在我大脑里印象是很深刻的，对我来说是认识上的飞跃，这个飞跃必须还要伴有大量的实践。毕竟，不用实践去检验的认知，很快就会忘记。

答：对，实践很重要，让我们一起探索！

052

导师

词 解

导，有指导、导引、导向的意思；师，指的是传道、授业、解惑的人。导师不但教会你知识和技能，更重要的是告诉你方向。导师能洞见本质，其口吻是确定的，能给学习者指出前行的方向，给他坚定的信心。

现代社会，企业家导师一是指同行业的前辈，他们会把自己经营的智慧、人生的经验总结出来，给后来者树立一个可以学习的榜样；二是指心灵上的指引者，指向企业家内心深处的迷惑。

导师和教练都关心人的内心，有诸多交集。方式上，导师更偏重指引和教导，教练更偏重陪伴和启发。当然导师也会运用教练的手法，优秀的教练也会扮演导师的部分角色。

问　答

问：哪些事是导师做的，教练不做？

答：教练不会像导师那样给你指出方向，导师一定会指出方向。在行为方式上，一个更偏向陪伴，一个更偏向指引；一个更偏重能量启动，一个更偏重方向指明。如果再追得细一点，教练会启发教练对象找到自己的方向。

问：一个好的教练能够让教练对象成为他自己的导师，是这样吗？

答：这是最好的教练。他相信教练对象一切都可以做到——不但可以找到自己的方向，而且可以解决具体的问题。

问：顾问给教练对象的是解决方案，导师给教练对象的是方向，其实教练对象自己是能找到答案的。

答：从根本上说是这样的。教练至少会推动教练对象知道自己什么时候找他的导师、什么时候找他的顾问，找导师干什么、找顾问干什么。导师也适度扮演教练的角色，他给了教练对象方向，同时又赋予教练对象能量。好的导师一定是一个好的教练，两者有很大的交集，因为他们都关心当事人内心的力量，这是导师和教练都关心的话题。顾问更关心普遍性，用某套专业的方法来解决具体的问题。

053

初见

词　解

初见是指教练对象与教练的第一次约见。第一次约见最大的陷阱是，教练仅仅将其视为一次商务活动。事实上，教练的真实内涵不是靠介绍和讲说。初见这个行为本身就是一场教练，是教练对象考验教练的最好方式。

更重要的是，一旦将初见视为一种商务活动，教练多多少少就会被这种交易的属性所牵绊，内心就不够纯粹，这会大量抢夺教练的精力，不利于作为教练对象的企业家判断教练的真实价值和气质。

企业家教练以为他人贡献为核心，完整呈现一个教练的信息，反而能达成合作。企业家想寻求一个教练的真实价值，他对教练以何种方式贡献价值的体会越深，越有利于他的决策。

何况帮助教练对象对教练也是一次贡献，因为他提供了一次机会和素材给你。教练也要了解，坐在对面的人是企业的领袖、在商场上征战的老手，你的动机会被对方看得一清二楚。

第一次约见就考验一个教练的信念，没有真诚无私，就做不到无畏。心到，功夫才能上身。

问　答

问：教练要把初见当成一次教练行为，但是与已经缔结了教练约定的教练行为不同——教练对象明白教练提问是帮教练对象辨析，所以教练对象会很积极地回答。第一次见面教练对象什么都不知道，那时候就开始用教练的方法，效果会好吗？教练对象会不会想：我就是不知道这些问题的答案才来问你的，怎么你还来问我这么多问题？

答：因为有问题才要求助于教练，你可以问他有什么问题。

问：一堆的问题。

答：一堆的问题也可以，你只要开口说，我就继续问。提问只是手段，目的是启发教练对象，为他提供更多的视角和可能，然后让他对问题的真伪和解决进行确认。

问：所以你觉得视初见为一次教练行为，是一个非常重要的选择，还是一个非常重要的必需步骤？

答：是最佳选择。

问：但是也可以不用？

答：对。因为对方来找你的时候，有可能已经对教练工作的性质和主要方法有了相对清晰的了解。

问：所以通常是当教练对象对教练认知不太够的时候用教练方法，让他体验一下，他会更清楚未来的工作方法。

答：对方对教练目标的设定会更加精准，减少在教练过程中来回修正的次数，同时，也可以让教练对象对教练方式是不是他的最佳选择有一个完整清晰的认识。

054

辨析

词　解

　　教练接到一个需求，首先要辨析的是，这个议题是不是最适合教练来支持解决，要以教练的方式引发对方把真实问题暴露出来，看看是不是有更好的服务手段。

　　教练对象容易就现象提出问题，真实问题往往隐藏在背后。教练要引发对方追索这个问题的根源和本质是什么。假使这个议题就是一个纯业务模式的问题，与教练对象这个权威的内心没有关系，教练支持他的力度就不是很大，或者说向教练寻求支持不一定是最好的方式。如果这个议题挑战了教练对象的心力，并构成了主要困扰，教练支持教练对象的力度就更大，让他能够更加镇定地看待这个问题，使他的企业决策动作更加有序，主要是影响他这个人，让他能够站好应对问题。当然，有些问题可能同时需要业

务层面的专业服务商共同进入，一起产生大的协同，这样
效果会更好。

如果是教练方式最合适，还存在进一步的辨析，那就
是教练进程中的入口问题，即从哪里开始。

问　答

问：要引发对方去追溯问题的本质和根源，这个"追溯"要
用什么方式？

答：不是就事论事，要追问他这个商业现象的背后跟他本
人之间的关系是什么。现象可能表现为团队不行，市
场出现萎缩，有不正当竞争，有新的法规出台了，诸
如此类，由种种原因造成了眼前的这个困难。他说这
个问题的时候感受如何？这一下子就回到他自己身上
了。为什么他会有这个感受呢？作为企业的掌控者，
他觉得这个问题跟自己最大的责任关联是什么？可以
连问五个为什么，总而言之，提问都是指向他本人
的。这是教练提问的力量。这个地方不是他不知道，
是他的心性不愿意往这儿探，人都不愿意承担责任和
压力。

我们反复说过，只要看见症结，判断出原因，答

054 辨析 ● 207

案就快来了，问题是症结一开始找得不对。一上来就承认自己的症结，这是需要勇气的，这意味着一次轻度的自我否定，所以需要教练来帮助他，慢慢让他在感觉不太艰难的情况下说出自己的问题。

这里有两个要点：第一，向教练对象本人追溯；第二，基于教练对象的特点、性格、背景，决定追问的方式是温柔的还是直接的。

055

需求

词　解

在实际的教练实践中，教练会经常发现教练对象对自己的需求描述不清晰，而需求的清晰化，是产生下一步行动的关键。对需求没有进行辨析和澄清，行动就无所依据，所以，教练挖掘出教练对象的真实需求，是贡献教练价值的必经环节。

教练要经由教练对象的内心感受，层层剥离，把议题中相关事实尽可能多地挖掘出来，直至把那个感受的根源找出来。

教练把这些事实和教练对象基于这些事实表达的内心感受进行融合，呈现出一种关联景象。破解这种关联景象的内在机制，会慢慢找到教练对象的真实需求。也许教练对象认为他的需求表达已经清晰了，但经由感受和事实的图景构建后，我们可以把这个重新表述的需求和一开始提出的议题进行对照和求证，并对问题症结的清晰度和完整性做进一步分析。如果问题和需求的匹配度更高、更准确，那么意味着教练对象提出的问题更真实，表达的需求也会更准确，两者之间通常会相互校正、相互影响。事实上，这个过程会生成一种教练成果：教练和对方可以一起直面这些问题，找到下一步要采取的行动方案。

在教练过程中，针对问题、感受、需求，进行行动的问询、澄清和确认，是一种有效的沟通模型。

问　答

问：我曾碰到一些有意愿请我做教练的人，他们在表达需求的时候，有的说我希望你能够陪伴我完成五年规划，有的干脆就问，你能不能陪伴我从麻雀到凤凰的全过程？我说每个人对麻雀和凤凰的认识是不一样的，你是否对麻雀、凤凰有一个定量、定性的概念？然后对方表述的主要是财务数字的变化。我又问，在这个过程中你要实现哪些转变？对方往往表达不清楚。作为教练，我怎么才能让教练对象把需求表达清楚，同时自己也梳理清楚呢？

答：你问的方式很好。我已经反复说过，教练对象对自己的需求表达不清楚，是很正常的。应该说 80% 的教练对象最开始不能表达清楚，这也是我们提出要辨析、要进一步区分需求的原因。这是我们的工作之一，因为这直接涉及教练内容的约定。其实你帮对方辨析需求的过程，是让对方感受教练力量的一个重要开始。你说的那个案例，可以追问对方除了财务数字以外，还有没有一些其他的考虑。如果没有，那么他认为影响这些财务数字的最关键因素是什么？这本身就是一个非常好的议题，那就当成一次教练议题来推进，直至把那个真实的、最重要的问题找出来。至少把未来一年内最需要解决的最重要的问题找出来，否则财务数字的改变就变成了一句空话。因为影响财务数字的因素有很多，解决哪些是最急迫的呢？为什么这个问题是最急迫的呢？怎么会造成这样一个问题呢？层层追问，就会追问出他的企业当下最薄弱的环节，是管理问题、技术问题、资金问题，还是市场竞争问题？你问的过程中他自己也在整理思路，说着说着他可能就豁然开朗了。他可能说："我知道了，我真正想让你帮我解决的事情是这个。我刚才说的话题有点儿大了。"这个时候你再问他基于这个最为薄弱的环节，教练对象本人需要做哪些转变才能最有力地解决这个问题，他就容易回答清楚了。其实，这也就意味着第一个教练成果的诞生。

这个是常见现象，要通过提问，让他发现真实问题，因为发现真实问题后，教练途径就特别清晰，教练的约定内容也会更加切实；同时，他也对你这一次如何通过教练方法剥离出真实问题有了一个切实的体验。

问：怎么能够把我们的提问往解决他本人的问题这个方面引导？

答：这个会自然呈现，因为企业家在统领企业，企业家自身能力的提升，是解决问题的关键和根本。比如他最后说："我明白了，对于企业当下最薄弱的环节，其实我本人的责任更大一些，我内心有个障碍一直没有超越过去。"那这个障碍又是什么呢？然后你来重复他刚才说的这个障碍，并追问还有没有别的。这就转到他自身的深层问题了。因为事情本身的逻辑就是这样，企业是一个经营组织，如果组织出现问题，最后一定是人的问题，归根结底是这个组织领袖的问题。关键是你不能直接指出来，要让他自己说，你只是帮他确认。这样更有力量。

056
一对一

词　解

　　进行一对一教练活动时，容易产生凝视，达成专注。如果多一个人，会多一个联结的频道要协调，就算教练不被打扰，教练对象也可能会被打扰，比如他会尽情地流泪，表达他的疑惑或者脆弱。

　　一对一教练容易产生深度的共生效应，可以解决比较艰难的、深层的、需要持续巩固的问题。教练的作用是激发和陪伴，是要联结对方，而不是覆盖，是要激发对方的振频，让教练对象积极主动，有强烈的自我实现感。

　　团体教练的作用原理略有不同，虽然担任团体教练一样需要诚意和愿力。团体教练要最大限度地使团体中的每一个人都能进入共同的氛围。教练让每一个参与者积极活跃地为他人做贡献，处于开放的互相给予的场域。教练利用的是大家的动力，需要各方对共同的目标达成共识。

这和教练议题及教练对象的背景相关。不能说一对一教练比团体教练高明，二者本质上没有区别。教练可以把团体教练的每一个人看成同一个人的不同侧面；在一对一教练时，教练也可以把一个人内心中不同的侧面当成不同的个体。

问　答

问：团体教练和一对一教练，对于教练本身来讲，二者的要求是不是有所不同？

答：本质上没有什么不同，一个杰出的教练有足够的调动资源和剖析问题本质的能力。比如我在这个词条里讲过，你可以把一对一教练时一个教练对象内心的多个侧面当成多个人。一个人是有多个侧面的，多个侧面就好像多个人出现在你面前。一个人有温良恭俭让的一面，也有非常原则性的一面；有非常职业的一面，也有生活的一面。你可以根据议题来调动他不同的侧面。

问：调动这些侧面的目的是什么？

答：教练的作用就是激活教练对象不同的侧面，来辨析他当下的议题。这就如同换个视角一样，如果从温良恭俭让这一面来看，那他处理这个问题时就很纠结、很痛苦。这就是问题所在，因为别人经常夸赞他的温良恭俭让，原则性和职业性的一面就向后退得很厉害，你把他原则性这一面激活就可以了。那这个人有没有原则性呢？这要靠教练去洞察，针对这个方面提问。如果有，原则性这一面往前一站，他自己就看见了这个问题，就不纠结了。内心里的这一面没有被调动过，一直用温良恭俭让的那一面，就陷进去出不来了。

问：是自我另一方面的能力。

答：对，而且辨析的确实是他，不是别人。所以说这个结论就是他总结的，答案是他找到的，教练只是提醒他确认自己有没有这一面，他自己证实他有。这是在一对一教练的时候，团体教练也一样。在团体教练中，比如说有 10 个人，你要把这 10 个人看成一个人的 10 个侧面，你这样去整合、去谈、去面对的时候就有力量了，不会构成挑战。当然在实际操作层面上，会有一些样式上的不同，比如团体教练更讲究团队整体的氛围，要营造一些大家能共同识别的元素，把大家放在一个场域里。这样做的目的还是让大家尽可能感觉是一个整体，同时在教练过程中你又可以看到每个人不同的特点。

一对一教练时貌似对这个要求低一点，但是高明的教练其实会将这些东西运用于无形，比如说在哪里谈，放什么音乐，这些跟团体教练时是一样的，只是教练自己内心更自觉而已。我不主张大家过分夸大两者的区别，认为做一对一教练的做不了团体教练，或者认为团体教练简单，一对一教练才考验功夫。这些都很偏颇。

问：本质是一样的，但是教练的一些个人特质，会让他在做一对一教练或者在做团体教练的时候更自如一些。

答：是这样。我的意思就是不要过分强调二者的区别。

057

付费

词　解

付费是实现教练价值的重要手段。付费意味着一次责任交付，更是一次确认。教练对象要确认自己真的需要这样的教练陪伴吗？达成教练目标有其他方法代替吗？想要通过教练过程转化出什么价值？

付费对教练效果有重要影响。付费之后，双方在进入教练行为时，都会自觉管理，会投入足够的时间，认真对待。这是解决问题的重要组成部分。

一对一教练有时会被误认为是朋友间的深度谈话，这个需要澄清一下：第一，进入心理是不一样的，付费会让双方更认真；第二，谈话的方式是不一样的，教练对谈话内容和节奏是有聚焦规划的，谈话是在职业化管理下进行的；第三，因为是责任托付，教练会有持续陪伴的责任。

定价的基础是为教练对象创造的价值，这与教练对象的议题相关，也与其心理价值相关。

问　答

问：这个关键词其实包含两方面的内容：第一个是教练收费不收费，第二个是收多少费用。

答：意识到这个工作只有教练能完成，这个价值不能替换，教练对象才会高度重视，用心投入，这是我一直秉持的一个观点。因为企业家的事情非常多，教练的过程如果在他心里排不上号、不被重视，他怎么能付出足够的心血和你一起找到那个苦寻不得的答案呢？

问：收费是个谈判的过程。我也知道有好多企业家很希望你做他们的教练，但是谈到价格就有一部分人被吓跑了。所以，价格还是非常重要的。

答：非常重要，直接影响这件事是不是能成立。

问：那你怎么看对价值交付的判断？

答：你选择了妥协，实际上教练价值就打折了，这意味着在实际的教练进程中还会有各种各样的争论和不舒服，而这会严重影响教练价值的贡献。因为教练工作关乎内心问题，不是就事论事。

问：据我的观察有两种可能：一种可能是这些人其实并不是你的客户，所以你坚持价格是对的；另一种是对教练的认识还没到一定水平，对教练还不是特别理解，但是你又觉得他是你的目标客户，你会用什么方式来促成教练行为的发生呢？

答：你如果不了解教练是什么，也摸不着教练价值的给付方式及力量，尽可以尝试，而且免费。你如果觉得和教练找不到默契、找不到感觉，那也没关系。当然，我觉得从另一个意义上来说，有的教练是要做生意，有的想练习、想实践，不是很看重价格，这也是可以理解的。

问：你常说要成为家族企业传承领域企业家教练中的"百达翡丽"，因为你能够服务的对象是有限的，你必须做得特别用心。

答：当然。我还有一个信念，就是你如果不能够感召更多的人，是你自己的能量还不足够大，你还不足够好。

如果你足够杰出，一定会吸引到对的人。你能创造的价值是有限的，所以单位价值量一定要足够大。我做不了标准产品的大批量生产，没有这个能力，也没有这份激情。

058
边界

词　解

教练要时刻警惕自己的边界。教练进程每一次向前突破，你都要确认得到了教练对象的邀请。私人领域里任何事情都无比敏感。不是所有的私人信息都需要对方给予，要多多运用你的洞察力，洞察那些没有被告知却一定在那里的信息。

要学会感受，感受教练对象可能认为并不重要的信息。当然，教练对象给予教练信息的内容和方式，也是感知他的重要途径，而且不是所有对方给予的信息都是事实，但是这些信息却可能是教练对象真实心理的反映。

对教练对象给予的信息真伪的识别和性质的辨别是教练要时刻留意的。有些信息带有太强的杀伤力，可以拒绝接收。还有一个常识是，教练过程中对方给予的所有信息都属于保密信息，恪守保密原则是教练的基本戒律，要高度警觉。

要利用一切可能的关系动力，这种动力的核心指向无一例外地都聚焦在认知误差的消弭上。譬如，给一对父子教练对象听了同样的音乐，并依此生成了他们之间新的关系动力。最重要的是，这为你提供了感知他们的通道。这里有你用于进一步工作的真实信息。

还有，你不能过度承诺，不能承诺非常具象的工作结果。你只是动力提供者，导致具象结果的原因太多。尤其要注意教练对象才是主体，这是一开始就要与其达成的共识。

不能急于求成，要有耐心，要学会等待。你不能被对方的情绪带着走，就像沸腾的水要等一等再用，当然水未沸腾更不能轻易用。人的成长、人际关系的改善都需要时间，行为改变是个过程。教练能做的是保持敏感，不要错过关键时刻。

问　答

问："私人领域里的任何事情都无比敏感。不是所有的私人
　　信息都需要对方给予，要多多运用你的洞察力，洞察那

些没有被告知却一定在那里的信息。"关于这一点，你能不能多谈一谈？

答：教练要多用自己的感受力。教练对象给你陈述的信息不一定全是真的，但你能感受到他传递的情态，以及他为什么给予你这个信息，而这个内心情绪是真实的，也就是说假信息的背后恰恰反映了教练对象当下的真实状态。他为什么要在这个地方跟教练说假话呢？因为这会影响教练接下来问什么、从什么角度提问，想明白这点才容易让教练对象把真心打开。如果你洞察不到他说的是假信息，你的进一步提问不但得不到有效的回应，甚至有可能激怒他。

教练的边界是很重要的概念。你对一个人熟悉到一定程度的时候，边界意识会自然淡漠，这是由人性决定的。

如果你不时刻检讨、反思，很容易就越界了。你要很小心，出了问题就几乎无法补救。作为教练对象的企业家不会给你机会让你重来，因为他会觉得你缺乏职业操守，他对于这类问题特别敏感和理性。他会认为这是一个有契约的教练关系，你要在职业范围内跟他讲话，离开这个范围，你不可以对他的事情有任何说辞。教练特别容易犯这个错误，特别是一对一教练，因为教练关系从形式上看非常亲密，但是一旦让教练对象反感，这个关系就显得特别脆弱。教练过程中的不理解，以及我们后面会谈到的冲突、挑战，还只是涉及很具体的教练议题，但是教练一旦超越边界，这个问题就严重了。特别是年轻的教练，心态容易浮躁，比较容易出现这样的问题。

059

约定

词　解

相比普通的契约，约定更像双方内心达成的共识。契约是商业的理性规则，会更多地强调双方的责任。约定则强调人与人相互理解，更侧重情感和人性，它的内涵有一定的弹性，更加宽厚。

约定这个词里包含了更多的信任和更高的包容度，它是一种定性的表达，对教练内容的描述也更多地指向教练关系的本质。

教练关系本质上是人和人的关系，是心与心的倾谈和对望，所以，教练关系里表述教练目标及如何向前运行时，要事前达成一些必要的约定。

约定，在教练关系上是个美好的词，使得教练内容、过程、目标都有了余地。约定，对双方关系是否真实、是否有诚意也是一种考验，约定会直接影响教练关系的圆满。所以，教练要重视约定，在这个环节要花更多的时间去沟通，不要急于开始教练进程。

教练要充分展示自己的专业性，要直面问题，不要绕过去，否则会埋下隐患，产生认识上的分歧和纠纷，最终会给未来教练关系的运行带来障碍。这个工作完成得越好，双方在未来越容易逼近教练关系的真实，因为约定背后潜藏着彼此的认知是否深入和全面，对教练目标、教练方法、教练周期或者节奏的内涵及其合适性，双方在多大程度上达成了共识等信息。

一份真正合格的约定的达成，是成功的教练关系的前提，甚至意味着教练目标成功了一半。

问　答

问：我没有跟任何教练对象有过正式的约定。教练范围不清晰，双方的意向就不清晰，这是一个我现在要赶快解决的问题。我准备和我的教练对象重新交流，坐下来认真谈，做好教练约定，分清教练和顾问的差别。

答：如果不能一下全部约定好，也可以先约定能约定的，比如我们在三个月或者五次谈话内，确定一个小的议题，有成果之后再扩大。

问：当领导或者父辈（第一委托人）要为他的下级或者子女找教练的时候，通常他的约定很清晰，因为他有目的而来。而作为当事人并不容易那么清晰地知道自己的问题是什么，也有的是他的上级或者他的父辈对他要解决哪些问题很清晰，但是当事人不认同，这里面会有矛盾。

答：这个问题提得很好。即使对方没有明显的反感和抵抗，教练也有责任和义务跟教练对象确定和辨析约定的内涵。这是必须要做的第一步，否则不但对方的反感没法解除，最重要的是你拿不到有用的真实信息。保障信息采集的真实性和及时性，教练才能进一步做有效提问，所以通常要了解教练对象的意愿和他对问题的认识，然后和第一委托人的问题比照一下，教练对象的心态、立场、参与度及和第一委托人之间的关系状态也会显露出来。此外，可以获得第一委托人不可能给予的事实信息。为什么这些问题第一委托人会遗漏？教练对象为什么又强调这些事实的存在？通过这两点，你基本上就能找出解决问题的突破口了。

问：当你发现第一委托人和教练对象给出的信息不一致的时

候，还要不要跟第一委托人去聊？

答：第一委托人是天然的教练对象。在教练过程中他也是被教练的，你征询他的意见的方式也是一门艺术，问得不好就可能增加第一委托人和教练对象之间的矛盾。这个教练的突破口是双向的，既要悄悄地教练第一委托人，又要做教练对象的工作。还有一个教练原则也很关键，并不是双方的信息都可以毫无保留地向对方传递，原则是指向解决教练议题。

问：信息不是无原则流动，而是指向目的。

答：越是第一委托人和教练对象不统一之处，越是工作的突破口，那个地方正是你要深追的地方。有时候，你会发现只是他们之间出现了误会。

　　要让教练对象觉得教练是公正的，不是偏向于第一委托人，这个认知对教练对象太重要了。你如果不能获得教练对象的这个认知，你就始终拿不到全面的信息，最终你也无法为第一委托人创造价值。所以，教练要秉持公正，从大局出发。现实中，不少教练为了讨好第一委托人而最终失去了创造价值的机会。

　　如果第一次见面时达不到约定的有效传递和一致高度，第二次见面时要继续明确约定的内容。一般这个过程会有两个往返，就解决了你刚才问的如何让双方给出的信息一致的问题，剩下的只是轻重的调整，先做什么后做什么。

问：如果当事人就是教练对象，怎么约定教练内容？

答：教练访谈的时候要帮他辨析问题的真实性，尤其是对利益关联人的信息做进一步的追问，这样你就会知道，是哪些情绪淹没了第一委托人的意志。你要让第一委托人归位，如果是董事长，你应该慢慢通过提问让他退向董事长的角色，他自己就慢慢清楚什么才是他要问的真正问题。如果不辨析清楚，就会导致教练重点发生变化，走很多冤枉路。这是约定的基础。

　　不但要辨析问题的真实性，教练过程中还要进一步校对。对教练工作进行评估的时候，第一项工作就是校对我们当初的约定。比如，教练跟教练对象谈战略问题，是为了解决真正约定的议题，而不是要替教练对象解决战略的问题。如果过程中发现存在这个误会，就要及时澄清，这牵扯到对教练价值的评估。

问：有没有你看不上的企业家，他需要你做教练，但是你觉得这个企业不灵、人也不行，他像扶不起的阿斗，这时你会放弃吗？

答：诚意是检验你要不要做教练的第一标准。教练对象对今天找教练干什么很清晰，他愿意为他的选择付出相应的时间和精力，对教练足够尊重，付出应该付出的费用，愿意敞开自己的心扉，向教练提供所有真实的信息，相信教练能够通过一段时间的工作对他的成长起到很大的推动和提升作用，并且愿意为这份相信始终如一地履行他在教练约定里的职责，这就是教练对象的诚意。

　　从严格意义上来说，没有不值得教练的对象，只是要看各种工作的条件是否匹配。其实有诚意就没有扶不起的阿斗，之所以扶不起是因为阿斗根本没有诚意。

问：教练跟教练对象做约定的时候，有没有可能请一个经纪人帮助做约定？

答：可以。这个经纪人要极其理解这个教练。约定的边界重点在哪里，还是教练自己更清楚。经纪人本身得懂这个，即使这样，也还是要教练本人一定程度地参与其中。

问：如果当事人无法表述清楚约定的是什么，是否意味着还不需要和他建立教练关系？

答：不是。一个人有问题，表述不清楚，或者说误以为表述的是他真实的问题，这是正常的。教练第一次沟通，主要是澄清这些问题，澄清就是要追问一些东西并确定真实性。有时候仅仅辨析清楚问题，就可以让教练对象有豁然开朗的感觉。

060
周期

词　解

周期意味着有起点和终点，有开始和结束。周期以内每个阶段的变化，进进退退、曲曲折折都是被允许的，但最终要形成一个闭环，完成一个阶段性的目标。

教练有责任一开始就向教练对象阐明教练行为是有周期的，周期内不同阶段有不同的指标，要解决不同的问题，也意味着教练的议题不是一蹴而就的，而且要在教练约定里对这个周期进行描述，以什么为始、以什么为终，这其中既有时间概念，又有具体的议题内涵。

可以将教练周期当成一个很好的教练进程和价值管理的工具来用。从一开始就要尽量明确，而且分析出背后的机制和原因。这其实代表了双方对这件事情的评估与理解，也会倒逼教练双方付出足够的诚意和决心，不断靠近阶段性目标，直至教练周期结束。

如果教练周期是六个月，最后的突破有可能就是在第六个月突然发生。此前好像有重重阻碍，行进艰难，但教练只需要保持足够的觉察就是了。只要在教练周期内，双方能不断找到内在的秩序，能够看见抵达目标的可能性，就不要慌张。因为一家企业并不会因为教练的介入而不再出现新的问题，企业还在商海中，新的不确定因素还会不断进来。关键是要有向彼此开放的态度，配合教练周期内阶段性的评估，不断温习，慢慢清晰，做到心中有数。

教练不要奢望可以一直持续地陪伴教练对象。如果你在本次教练周期里面给了教练对象美好的体验，中间不断地出现教练时刻，接下来要发生的事都是自然而然的。这次教练议题结束，教练对象养成新的行为习惯，将他送回日常，这个教练关系才正常。如果教练对象在新的发展过程中遇到新的议题，他第一个还会想到你。这是教练周期本身的意义，是对教练的一种提醒。

问　答

问：根据你的经验，周期怎么来设定比较好？

答：把真实问题辨析清楚了，就算教练对象提出了一堆问题，可能本质上也只是一个问题。比如，哪些问题跟内心的障碍有关？哪些问题是业务层面的？再加上你的经验，就可以和教练对象探讨出一个最短周期。有些周期很短，但频次很密。这要根据议题的性质来定。

问：比如说现在，我的教练对象最喜欢说的一句话就是："我怎么才能实现从麻雀到凤凰的转变？这个过程我要老师陪伴。"我有没有可能通过陪伴总结出一套适合这个阶段企业家的模式？当业务发展脉络很清晰的时候，企业家的个人成长是不是也会有一些共同点？人的思维会发生哪些变化？要突破哪些心理障碍？建立什么样的人格体系？

答：你可以把对业务的洞察转移成教练的力量。如果你总结出来了，那对企业家教练领域会是一个巨大的贡献，其他教练就可以参照你总结的模型，专注于为这个阶段的企业家提供教练服务。

问：我回想了一下，十多年前我为什么需要你。我需要你的时候，我遇见的问题都是新问题，超越了我在国外公司学习的范畴。过去我有问题就找国外的标杆，到了当时那个阶段我没有标杆了，所有的问题都需要我自己来回答，像当时法国的合资方离开，这是突然的危机，我就会找到你，要有一个人跟我对话，给我力量，这是我找教练的理由。我觉得中锋老师你给我最珍贵的东西是让我找到自己。有两点很重要，第一是我有倾诉的人，第二是你每次都用提问的方式让我找到自己，让我有力量去解决问题，是你给了我勇气。如今我也从事教练工作，三五年以后，这些企业家的企业可能变成50亿元左右的规模，如果我继续陪伴他们，又会进入一个新的领域。他们在新的阶段会遇到什么问题，这是我现在就要充分思考的。

答：十多年过去了，现在跟你那个时候有些不同。这些年知识产品过多，信息过于繁杂，供应资源太多，不少企业家在所有的地方都转了一圈，转得越多，越不知道自己真实的需求是什么。这样导致真实问题反而不容易暴露。这对企业家寻求合适的教练来说是个新的挑战。

061
节奏

词　解

　　节奏有两个内涵，一是指教练周期内的，二是指一次教练过程中的。一次教练过程中的节奏是能量交互的节奏，教练必须忘掉技巧，尊重内心的直觉和对方的感受，要有在一起的联结感，如行云流水。

　　把握教练周期内的节奏，要让对方充分消化上一次的教练内容，不要急着赶路，以防欲速则不达。教练要尊重对方内心的感受及明确的意见表达，要灵活，不要死板。每一次教练过程结束后都要让教练对象做个总结，下一次开始前可以再让教练对象做个回顾。

　　教练周期内对教练过程的温习和评估，可以帮助教练有效地管理教练节奏，要善加利用。

问　答

问：节奏讲的是在整个周期里和一次教练过程当中，要有一个对的节奏，不能太急，不能死板。节奏有序要靠什么做到呢？

答：以最初的约定为蓝本，在实际教练过程中，以教练对象的实际状态及进展是否顺利为参考。另外，教练需要始终处在高度的觉察里，要通过温习、评估，以及事后做教练笔记等手段寻求支持。

问：教练和教练对象就节奏问题产生分歧的时候，该怎么办呢？比如你觉得一个星期有一次教练活动就够了，他说一周要两次，或者他觉得一次教练过程两小时不够，得四个小时。

答：如果是持续的要求，要对约定进行修订。

问：节奏掌握不好会怎样？

答：节奏过快，对方喘不过气，回到日常中去运用的时间不够，不切实，没有真实的力量；节奏过慢，上一次获得的能量不足以支持下一次的行动。这两者都不利于教练对象在实践中的价值实现。

问：一个有效的节奏是调整出来的吗？

答：我刚才说了要以约定为蓝本，企业家的身份决定了他
想解决的议题会受到各种不确定因素的影响，有可能
议题侧重点会在教练过程中发生变化，这当然会影响
节奏。因为议题发生变化，难易度会发生变化，关联
对象也会发生变化，甚至系统协同的动力都可能发生
变化，这个时候自然要重新评估，对节奏做出调整。

062
选择

词　解

教练从事这个职业就是一次选择行为。教练一开始就要问自己，我为什么要选择以此为业？我对教练这个职业是否有强烈的价值认同并且在工作中充满喜悦？要明白教练的一些基本要求，比如人格准备。

再就是教练对象的选择。确认你跟哪些教练对象是适配的，以你当下的时间、精力、素养，会更加有效地支持教练对象。教练对象会反证你的教练价值，推动你在职业发展上进阶。你只有看见一个一个的成果，自我价值的肯定感和荣誉感才会更强烈。要尊重自己的内心，教练关系和普通的交易有很大的区别，因为它是关乎人心的。教练对象的价值观、意愿度、开放度，对教练的认知和尊重程度及付费能力，都要和自己相匹配。只有匹配，工作的节奏才会有效率，最终的价值实现才会顺畅，这对双方都是一份贡献。教练要知道选择其实既是自己的一份权利，同时也是一份责任。

选择是意愿，也是一种能力。譬如，什么时候提问，什么时候不提问，这对教练节奏的影响是很明显的。所以，在具体的教练实践中，在不断和教练对象校正价值观和约定的情况下，教练客观上也时时刻刻面临着"选择"这样一个行为。

问　答

问：既然教练在每一次跟教练对象进行教练活动的时候，都会面临不同层面的选择，那么一个好的教练，怎样才能保证每一次选择时尽可能少犯错呢？

答：最重要的手段，就是要不断去检视你是否还拥有教练的初心，也就是诚意，这是最重要的指标。方式可以是通过教练笔记，可以是通过教练伙伴进行相互教练，还可以是通过教练过程中与教练对象的温习、评估进行校对。教练这份工作就是以支持别人内心成长及帮助教练对象看见更多的自己为核心价值的，要求你有笃定相信、深度谦卑、全然交付、无限专注（即

　　诚意的四个内涵）的心理准备。如果这些还没有准备
好，你在选择过程中就会有挫败感。发现哪里不对
了，先不要找客观原因，而是先问自己是否还在诚意
的状态下。

问：你在教练活动进行过程中选不选某种方式，选不选某种
　　节奏，也是以诚意的四个内涵为准则吗？

答：是的。

063
放下

词　解

　　放下不是扔掉，而只是放下。比如你有一布袋粮食，你并没有把这一袋粮食倒掉，而是把整个布袋放到地上了；你虽没有举着这个布袋，但是你依然拥有它，这就是我说的诚意中的深度谦卑。

　　这当然是对人性很大的挑战和考验，但是过了这一关你就战胜了自我。英雄是打败别人的，所谓能向圣贤靠近，是跟自我做斗争，因为真正的敌人是自己。这个"自我"很狡猾，非常难对付。所以，教练活动也是一个自我修行的过程。

　　在这个过程中，为什么要感谢教练对象？因为他会不断地提醒你，你哪里做得还不够。这就是"见来求者，为善师想"的本意，就是见到来求你的人，不管以何种方式、何种样貌、何种机缘，都要把他作为好的老师来看待。这句话一定是对的，因为他无论如何都给了你一个机会。

问　答

问：教练的放下要从哪里着手呢？

答：重点是要觉察自己的内心。要了解在接下来的教练行为中，自己在哪些问题上最有经验和专业性，要如何把自己的专业性先藏起来，要怎样放下它们，而且是坦然地放下，真正地成全对方，让教练对象获得成就感、价值感、自我肯定感（自我肯定感就是"我能"）。你只是帮他创造出这种感受，让他拥有信心。

　　当然了，这里有一个辩证关系，当你真正放下的时候，你拥有的专业能力不是变得弱了，而是变得更加强大了。那一布袋粮食并没有被你扔掉，而是从扛着这个布袋到放下布袋，但粮食还在你这里。你可以随时拿起，原来一布袋的粮食用一只手提，现在用一根指头就可以挑起来了。即使你想把这些粮食给予别人，给予的能力也会更强。走完这一步，是非常了不起的事情。从根本上来说，教练别人其实就是提升自己，它给了我们提升自我的一个路径。

　　我的自我也很大，为此也伤害过很多人，随着阅历的增长，我慢慢懂得更多的时候是别人成全了你，并不是你真有这么厉害，这是一个感悟的过程。必须是自己真的认识到这一点，才能有调整的动力。即使这样，今天的我还是处在初级阶段，我的自我还是很大，这也是我经常反思的。只是那些企业家们太了不起了，他们包容我，在相处的过程中，映衬出我自己的模样，真是令我惭愧。

064

方便

词　解

　　方便是一种手段，是基于对教练议题的洞察，尤其是基于教练对象最为相信的人、事、物而设定的一种路径或场域，以让对方更有确定感、熟知感、存在感和可控感，进而更能勇于面对艰难议题，举止积极活跃，更有信心去靠近答案。

　　使用"方便"，一定要考虑教练对象的性格特点、家庭环境、文化背景、成长经历、信仰体系等各种要素。教练对象只有被放置到他认为有阳光的地方，才能有勇气、能量和意愿与教练一起解决他的困境。教练要能清楚辨析和善用教练对象心中的阳光和黑暗。你要带他穿越困境，让阳光照亮黑暗，看见他现在所有的荣耀都是曾经的艰难。

　　方便本身是一种智慧。不能忘了主旨，更要避免被方便带走、耽搁在方便上，不要在河流里只顾表演渡船划桨的技巧，去到对岸才是目的。教练运用方便是要把问题简单化，而不是相反。只有具备了诚意，方便才能让彼此更容易接近教练目标。

问　答

问：在运用"方便"这个关键词的过程中，教练特别要注意的几个原则是什么？

答：方便是基于对教练对象根性的辨识，就教练对象熟知、感到兴奋、有确定感的一些领域，设定一些场景、话题，能够方便对方迅速进入到那个议题里面去，与教练进行深入的交流。但它始终只是一个路径，教练进程的目的还是要抵达彼岸。教练始终要有觉察，这只是个手段，并不是目的。

　　使用方便这一教练手段时，很容易发生耽搁的现象，为什么这么说呢？因为对方的回应往往比较积极，这种积极会营造出一种看上去非常融洽甚至热烈的局面，而容易使教练双方忘了要去向何方，教练对象特别容易在这个地方进行表演。教练对象的迷失往往表现为讲得非常细腻，因为那是他最擅长的，教练需要比往常有更高的自觉，知道哪些是有效信息，在关键时刻懂得止。

教练运用方便不是换个方式表述对方面临的艰难议题，只是拿这个让他明白目前面对的这个事情，其实和方便里面讲的东西有异曲同工之处。

就好像教练对象曾经是种高粱的能手，你使用"高粱"这个事物方便开展教练行为，只是因为高粱抽穗时的一些现象和今天的教练议题有强关联性，就不要鼓励教练对象在高粱苗怎么破土、怎么拔节、怎么施肥这些环节展开了。这个需要教练保持高度的敏感。但是运用的时候，止就是一念之间，很难用语言传递。

问：所以觉察还是非常重要，你要时时刻刻提醒自己，辨识出这个是路径，那个是目标。

答：对，如果最终你不能解决教练对象的问题，他还是会觉得很沮丧，对你的能力也会有所质疑。

065
变奏

词 解

无论是一次具体的教练时间，还是在整个教练周期内，教练议题的指向通常会显得单调，因此需要运用变奏来使教练议题多样化地呈现，如同变奏曲那样变化丰富。

变奏是把焦点问题放到新的环境里去探讨，让现场更活跃，减轻教练对象的负担，不觉得自己沉浸在问题中。变奏看似自由，其实是教练的功夫；看似无心，其实都在教练的观照和掌控下。

变奏是艺术，没办法具体教授，要靠存养的功夫，要以教练对象的状态和需要为出发点。要仔细用心地观察教练对象，用对方熟悉的语言和事物来引导对方，首先要了解和探询出对方最喜欢的方便之道，这样才能找到有效的变奏。

变奏不能离开当下，对此时此地要了解。如此，任何变奏中的新要素都可以拿来运用。变奏的核心是始终不离开主旋律。在教练关系中，主旋律就是关于教练议题的核心走向。

问　答

问：变奏需要在存养的大前提下进行，对吗？

答：对，在存养的基础上你才有能力进行变奏。如果没有存养，就没有自信，就不敢变奏。你担心这么一变就收不回来了，然后你也担心教练对象会质疑。

问：何时是教练进程中进行变奏的好时机呢？

答：当教练发现上一次在主议题上你们谈得特别辛苦、进展不大时，就可以从另一个话题开始进入。这个话题其实跟那个主旋律有关，但教练对象会更愿意谈这个话题，过程中他状态好、能量高、更自如，这个话题进展的速度就会很快。就好像他长时间坐车很疲惫，此时正好路过一条乡间小路，这条小路和大路的方向一致，当你把自行车推到他面前，告诉他我们来穿过一片果树林时，疲惫的他一定觉得很新鲜，就愿意骑自行车。在他振奋的时候，你提醒他现在的方向：小路和大路是平行的，只不过他身在林间。"在林间"这个变奏，会让他愉悦，愿意向前，也会让他储存新的能量。过了这片林地，他再坐汽车就不会疲惫，愿意跟你面对上一次他不愿意深入的那个话题。这就是教练议题上的变奏。

另一种变奏，指具体的教练时间里面的变奏，就是有快有慢、有急有缓，原理跟上面说的一个教练周期里多次进行教练议题的变奏是一个意思，只不过将过程缩短到一次教练时间里了。

066
控制

词　解

　　教练控制节奏、信息，或者有意制造紧张的局面，都是为了引起教练对象的重视或者让对方忽略某些信息。这些控制是必要的，是一种管理，是自觉的松弛状态下的启发手段，但利益的焦点在教练对象，而不是为了私人利益的操纵。

　　在教练进程中，还有可能出现教练对象对教练的控制。教练对象有各自的社会地位和成功经验，他们想控制现场和教练，以维护自己的自尊，这在现实中很常见。

　　教练要有能力了解对方正在向你实施操纵的行为及背后的动机，不要被对方的铁滑车和猎猎作响的红旗带着走，要始终盯住自己的指南针：你的本分。这场教练活动要达到的目的是什么？当初教练约定的目标是什么？有时候教练要对猎猎作响的红旗表示一下赞美，以减少教练对象的"敌意"。其实教练对象的情绪处于不稳定阶段时，教练反而比较容易换"频道"，教练对象也会更有意愿听教练切入的新话题，这样才可能达到双方约定的目标。教练要像打太极拳一样，用赞叹的方法把对方的势能卸下来。

在教练对象的潜意识中，并不希望自己是来请教的，所以他要展示自己的能力，要找到习惯性的掌控感。教练可以给他这样的感受。高明的教练会用请教的姿态引导对方在兴奋的状态下讲述，在这个讲述的过程中，教练对象可能会暴露更多真实信息并看到自己的问题。

教练需要有清醒的头脑和谦卑的心，才敢于放低自己，不害怕失去教练的主动权，不会紧张地守住自己的阵地。

这不是教练无能，恰恰是教练的智慧。经历了教练时刻，教练对象会发现教练的善意和用心，看见教练保全了他的自尊，有无私成全的心。教练对象会因为了解而感动，从而让教练关系向纵深推进。

问　答

问：在通常的教练过程中，教练对象都是企业家，他们会有更强烈的控制教练的欲望。这是我在实践中总结出来的，我相信大多数的企业家都会这样。

答：是的。

问：我想这就是企业家的本能，他希望自己可以掌控局面。作为教练，可以让他充分表达，因为他说的信息越多，其实教练掌握的信息也就越多，这也会让教练更加了解他们的状况和需求。

答：对。

问：教练对象会不会因此真的认为教练无能？你会不会有这种担心？

答：你向后退，给对方充分述说的空间，是最好的方法，这样能够让对方暴露问题和情绪。释放情绪，在他感觉到可以掌控局面以后，就会相对安静下来。接下来，他才愿意听。你的提问是不是精准，他也有辨识能力了。其实这给双方都创造了机会。如果教练没有在这个过程中看出教练对象情绪的来源，那就说明教练的基本功有问题。

问：具体怎么发现教练对象情绪的来源？

答：教练可以提问，比如："刚才在你讲述的过程中，我注意到你情绪有点激动，是吗？""在讲述的过程中，你的感受怎么样？"教练要帮他回顾刚才走过的情绪历程，要追问他的是这些对他意味着什么。

你等一下他，他就会基于刚才讲的内容继续解释为什么会这样。其实，你只是给他提供了一个新的阐述的角度。这个时候重点就被说出来了，你就可以看见教练对象的自然人格和职业人格的关系，这很关键。教练对象的情绪通常来源于自然人格和职业人格的冲突。

067

截断

词　解

　　截断有不同的方法。可以用故事性的语言让教练对象自然柔和地脱离他现有的情绪，并把他带入到新的场景或者逻辑中。教练并没有做评判或者给出鲜明的观点，只是启发对方思考。聪明的教练对象往往会感觉到这种截断的力量。截断，也可以用一种温和的反问让对方从急切的情绪里出来，进行一次全新的检视。

　　截断并不需要用一些激烈的话语，而是根据教练周期的时间点及教练对象当下的认知状况，判断是否时机已到，在对方没有准备时，一下子打开盖子。

　　截断是让对方抬头看向自己要去的地方，而那个地方就是他出发处的前方，只需要一抬头就可以看见。这是自然的截断，来自教练深度的关切和相信。这样的截断，根本不会引起双方的对打和撕扯，因为对方没有对打的目标，没有被冲撞的感觉。他会停顿，盘旋一下，但只是让原来的思维停一停，并上升到全新的水平。

需要截断的情况通常有两种：一种是，议题的背景在对方曾经成功的领域，即对方的超级舒适区。在这个领域，人的情绪会高涨，但也最容易出现盲点，容易罔顾商业场景和参数的改变而沉浸在虚妄中。这时需要教练把教练对象没有看见的实相剥开给他看，他当下就会有豁然开朗的感觉。其实教练只是拨了一下灯花，没有提供新的东西。

另一种是，教练对象由于自身某方面的缺失而迷恋教练给予的启发和指点，陷在教练内容里而把本业忘了。教练要警觉，要截断这种沉迷。这时教练的截断虽是轻巧的表达，但会很有力量。

这两种情况都是由于教练对象自我的情绪障蔽，而忘记了教练约定。在自己熟悉的、成功的地方，或在自己不熟悉的地方，都容易出现盲点。教练就是要让教练对象在感觉不到痛的时候，一下子看见真相。感觉不到痛，就不会有失败感或者过分降低自尊，而感觉是自己搞明白的，身边只是多了一个教练伙伴而已。

问　答

问：关于"截断"，希望再听你详细地说一说。

答：截断不是大家理解的那种打断，两者的出发点和动机
都不一样。截断是基于对正在进行的教练议题内在机
理的深刻洞察而做出的反应。截断的目的不是捍卫自
己，其出发点还是替教练对象着想，教练希望通过截
断让对方能尽快接近要去的地方。教练首先得了解核
心议题的内在逻辑，然后才能自然而然、水到渠成地
完成截断，否则对教练对象来说就是一种伤害。

　　被截断的教练对象不会觉得被冲撞，也不会感觉
被打击，更不会感觉被粗暴地对待，而是有一种解放
感，之后回应教练的一定是感谢，感谢教练带领他靠
近并找到答案。

　　因为人的思维存在惯性，所以才会有"执迷不
悟"这个词。人会对自我眷恋，会对某一种东西不舍，
会坚持说这样是对的，执着在自己选择的一条路上前
行而不知道回头，于是走得越来越远。所以，教练过
程中"截断"是个很好的手法。

问：你说截断容易发生在对方曾经成功的领域或者不曾了解
的盲点区域？

答：这两个问题很典型，都在我的教练过程中发生过。比
如有些教练对象会沉迷于教练活动的过程中，沉浸在
新学到的一些词和教练感受上，而忘却自己为什么需
要教练。我们的出发点是要企业家回到其本业，经营
企业，使企业发展壮大，那才是他真正的本业。

068
空白

词　解

　　教练过程中的空白，是指要给教练对象留出充足的思考时间。在教练现场，不要着急，分开一会儿，创造一段静默期，可能是最好的陪伴。教练对象需要和自己相处一会儿，他会更加放松，会思考得更完整，会更有踏实感。

　　空白是为了使接下来的工作更持续连贯，使能量更饱满。教练可以和教练对象事先约定留出空白，也可以由教练对象提出。

　　教练要自觉追踪教练对象最关心的问题的进展，教练对象和教练的默契程度决定了是否可以让教练对象在教练周期中的某个阶段有更多时间和自己相处，以消化所学，从而获得更从容的心境。教练也可以借此回顾之前教练的内容并计划下一步。

　　当教练对象非常不安，又不想让别人觉得他不安时，要让他独处。那时，他会不太愿意求助，因为提出问题本身会提醒他自己正处于低谷。教练对象需要一段滑行的时间来降低自我的振频。

　　不教而教，有时候是更有力的教练动作。当然，这种辨析能力也是来自诚意，否则教练会担心这段留白影响双方的契约关系。

问　答

问：怎么发现教练对象需要留白？怎么留白？留白的节奏怎么掌握？

答：企业家都是强人，他能够给你展示的往往是那些他相对还能够承受的部分，不影响他自己在内心给自己设定的成功者的形象。如果他需要彻底躲起来，那么受的伤通常比较重，就像大型动物需要躲到一个洞里自己舔舐伤口，不需要任何看护。哪怕企业家已经和你确定了教练关系，但是他还是会下意识地蜷缩在一个洞里，自己舔舐伤口、自我消炎。这不是说他不要帮助，而是说他不要那么难堪，因为血流不止，他不希望被任何人看见，并且和他就这个话题进行交流，他往往会掩饰，会说他还好。

　　空白并不是完全不交流。教练对象需要一个自我消化和整顿的时间，哪怕是面对教练，他都需要准备。作为教练，你要与他共情，毕竟你已经陪伴了他一段时间，对他的个性和可能导致他这样的原因是有所觉察的。空白并不是说完全不照顾，只是你离他远一点儿，但他知道你就在洞口等他。

问：你不用把手伸到他面前，但他知道伸手就能接触到你，对吗？

答：对，你依然可以跟他有交流，但是这种交流以他主动问询为主，教练不要主动触及内伤这个部分，要找他愿意跟你交流的话题。他愿意和你交流的这些话题当然也很重要，对他说的这些话教练也要有觉察，说这些话往往是他为了掩饰内伤。他会说：你看最近我的新毛又长出来了，洞口有一片新的植物园，我喜欢的翠竹出现了。他通常跟你讲一些相对美好的东西，那你就陪着他去谈这些美好，说这些美好确实在，也确实对他的生命状态有帮助。但是，教练不要主动触及自己觉察到的那个内伤，直至他主动跟你谈起，这一天到来的时候说明他整顿好了。称之为空白，是因为

068 空白 ●　261

他的核心议题好像在这一段没有进展，但这并不是教练进程的彻底中断，他知道你还在。

问：就是在阶段性推进的节奏上，要控制一下？

答：对，一定要等，硬碰会让教练对象觉得特别痛苦，他会退缩，也会有情绪，那种情绪是因为恐惧。他会用一些不可思议的语言进行反击，让教练很难堪，这些其实都是为了自我保护，这是强者的本能。

问：所以你反复强调企业家是强者，教练要特别留意。

答：就像狮子、老虎，它们都是这样子的，你要认同他这种强大的自我形象设定。等他有能力和意愿与你面对这个问题时，你才能跟他就这个话题进行深入交流。

问：你之前说要给对方反刍的时间，教练自己也要借这个机会回顾一下，不能持续奔跑。"持续奔跑"是指什么？

答：盔甲已经松动，战马已经疲乏，你当然要歇息、整顿兵马。出现空白只是议题在性质上有所变化，教练对象需要恢复跟教练对话的能力，教练这个时候也需要重新检视自己和教练对象认识以来他所呈现的所有信息，他的秉性、经历及他对未来的设定，还有他当下正在跟你交流的洞外那片美丽的翠竹，这些都需要你认真地重新归纳、辨析。一旦他跟你谈论起这些话题，你有丰富的素材和共情的能力，能够直抵他的内心深处，依然让他觉得和此前的议题一样，你还是那个最懂他的人，你还是那个最值得信赖、最能给他支持的人。

问：所以留白其实对教练和教练对象都非常重要，是在教练过程中使双方保持充分的能量状态的最有效的准备？

答：是的。

069
场景

词　解

　　场景，是教练对教练对象实施教练行为时，双方共处的现场动力系统。

　　教练的作用是使教练对象更全面地看见信息，让一些不好的部分脱落瓦解，让教练对象找回前行的力量。在面对面的教练场景中，现场信息会更完整，教练提问会更精准，能更好地抓住时机，所以，场景是教练能够借用的非常重要的动力。

　　教练对象感到无力，有时候是因为一些东西被他忘却了或者丢失了。教练可以通过场景设置帮教练对象迅速找回记忆。场景发生改变，现场作用的动力也就改变了。有时候可以通过和议题关联的特定场景，比如去家乡、生产车间或者引入特定的个人或团体，与教练对象建立新的联结，让教练对象能够对议题有直接的体验，帮助他重新进入场景，找到新的思路，靠近答案。

场景可以帮助我们更容易地看清事实，使教练关系处于活跃状态，提升双方的觉察力，知道自己是谁、在哪里、做什么。教练与教练对象处于共同的场景中，让教练对象感觉处于安全和被陪伴的状态，他会更愿意回到那个场景中。

在教练场景中时，教练要让教练对象保持相对自在的状态，这样做的目的是让他在舒服的状态下袒露自己，方便教练感知。导师有时候可以设计一些跳出舒适区的恐惧或者尴尬的场景来训练学徒，但教练要慎用。教练与教练对象是契约关系，有特定的议题和目标，只有双方的信任关系达到一定程度时，才能考虑使用此类场景。

问　答

问：我的理解是，场景设置更在乎外在物理空间的选择。那么，场景和现场的区别是什么？

答：场景对于在其中展开的教练行为来讲，带有一定的指向性。有时候场景会变成一种推动议题向前的动力。比如说我曾教练过的一对父子，我带着他们回到山东老家，跟孩子的爷爷奶奶一起吃饭，然后回县城的路上去他们家的祖坟扫墓，到县城宾馆里的套房中席地而坐，这些都是场景。这些场景是在故乡这样一个大的场景里面，再加上亲人，这些都是帮助两代人产生共情的一些动力。因为面对孩子的爷爷奶奶的时候，他们会感觉是一家人，亲情的气氛很浓，能唤醒企业家二代的家族意识。有时候不需要教练再说什么，只需要把他带到这个场景里面，自然就会有一些动力元素供你使用。我谈的场景更多的是指这些东西，比如教练对象创业时的第一个办公空间，这些都会给你们谈论问题找到动力。我的一个教练对象创业时坐过一把藤椅，虽然已经破破烂烂，但他到现在一直坐这把椅子，他的办公室也不装修，始终保持他创业时候的样子，企业其他的地方都改了，但他那个办公室就是不改。你跟他去到那个办公室沟通一些特殊议题的时候，就特别有力量，因为这些关于办公室的记忆能够唤醒他的初心，回想起创业时的那些动力、那些艰难，就会使他戒骄戒躁。你不需要说太多，因为这个环境已经在说话了。这就是场景。

场景和我们讲的现场有一些不同。现场更强调一些看不见的部分，实时发生的动态信息，以及教练与教练对象之间那种无形的能量流动。场景里也有这些，只是场景更偏重于这个场景具有的特殊指向，从而让它构成第三方动力，推动议题向前。这是场景比较强调的，跟现场有部分重叠。

有时候场景还会因人的动力加入而改变，比如我刚才讲的那个孩子的爷爷奶奶，除了故乡是个空间，爷爷奶奶也是我引入的一种动力。我们可以向教练对象展示当年他有深刻经历的那些物件，比如服装研究所的老师帮他打的第一个版，你如果把那个版拿出来，他就能回到当初那个制版工作间的场景，这个就很有力量。

070
活泼

词　解

教练与教练对象的谈话容易被认为是严肃刻板的，实际上应该是活泼的。教练关系要有动力，不能让教练对象觉得这是个艰难的历程。

活泼不是刻意的。如果教练关系中充满相信、真诚，教练双方谈话时就会活泼。活泼会让教练进程更靠近事实，并让双方拥有更大的信心去迎接不确定的未来。活泼是生动真切、自然流露、不伪装。要像孩子一样活泼，说哭就哭，说笑就笑，该怎样就怎样。孩子有能量感，感知力也强，因为他们的心没有被过多东西遮蔽。

要做到活泼，"信任"必须在教练关系的现场。没有信任，就会互相防范，教练双方的情绪会很紧张。信任会让大家流露更多的真切感，现场自然会产生活泼的氛围。

　　教练要有智慧，对看见的真相有一切尽在掌握的感觉，这样双方就不会紧张；同时教练要有为对方着想的诚意，不能害怕教练进程出现挫败，要满心地相信对方一定可以遇见答案。

　　活泼的核心是诚意。你为自己考虑得越多，就越不会活泼，会很虚假，容易弄巧成拙。教练也不能太功利，要将对方可以从教练关系中受益作为最重要的标准。

　　活泼这个词非常好，活泼两个字都是三点水旁，即如同水一样流动。如果每一次教练现场都过于严肃，双方如临大敌，就会难以照顾全局，感知不到本质的问题。过多的逻辑推理和理性分析，反而不利于教练关系往深处走，双方要多运用感受力。

问　答

问：活泼是指把控自如，对吗？

答：对，活泼会自动生出来，你不用刻意而为。但如果没有诚意做基础，活泼就会变成雕虫小技，变成表演，当然也就没有力量了。

问：当双方变得很活跃、很活泼时，教练对象会受益吗？

答：这会影响教练对象的能量值。

问：因为他的能量可以充分流动、可以发挥？

答：对，他会活跃起来。活泼的反面就是呆板。教练对象如果处于呆板的状态里会出不来，僵在那里，当然不利于问题的解决。

问：教练对象不紧张了就会松弛下来，心情就会不一样。

答：活泼更多是指向内心，我们刚才讲的内容比较表象。当人不活泼的时候，严格遵循逻辑的情况比较多；活泼的时候，内心是活跃的、有弹性的，氛围是融洽的。比如我的一位教练对象，他的性格比较严肃，我就尽可能在跟他谈话的过程中，设置一些放松的场景或者环节，让他能够全身心地体验，这比讲很多理论都有力量。他觉得浑身一下子轻松了，就会主动讲述更多，而他向你透露的这些信息，对你接下来的提问来说可太重要了，那些往往是你想不到又最关键的问题。

　　内心要活泼就得从容，要从容就得平静，要平静就得先为对方着想。你为自己想得多，就会说话多，因为太想证明自己有价值，但其实对方将你看得很清楚。当然，不以自我为中心很难，这对人性是个挑战，所以教练要经常自问：我到底为何而出发？

071
误会

词　解

人们通常根据自己的教育和从业背景，尤其是当下的立场来自动选择自己想听的内容，这是导致误会的主要原因。

误会，轻者会延缓教练进程，重者会导致教练双方起冲突，直至教练关系破裂。

教练在每一次教练活动结束前，一定要对关键信息进行澄清，要对关键认识进行确认。教练不妨和教练对象讲清楚误会可能带来的负面影响，以引起教练对象的高度重视。这是很好的工作方法。

误会一旦产生，教练要及时直面问题，不要害怕，不要躲避，要立即告知教练对象，并揭示误会产生的深层原因，以促进教练对象更了解自己。

更重要的是，教练要把这个误会视为一种教练资源和机会，因为误会本身恰恰呈现了对方更多真实的信息，特别是教练对象当下的心境和认知习惯，所以这完全有可能是教练议题突破的关键线索，要好好把握。

问　答

问：我理解"误会"源自双方对同一个内容的不同理解，或者一方只是有选择性地听取了自己想听的内容，我觉得这个情况很普遍。在我之前工作的企业，自己带起来的经理人和外部招聘的职业经理人，对于同一件事或者同一个词语的内涵理解都有不同。

答：是的。

问：由于认知的不同，经常会发生选择性聆听的情况。有两次，我和我的教练对象约好，谈完以后我们分别就谈话内容做个回顾小结，结果发现他所理解的重点谈话内容不是我说的最关键的部分。人非常容易有选择性地听取别人所说的内容。

　　在"误会"这个词条中，你提出如果发现有误会的情况，在每一次教练活动结束前要做澄清。那这样的澄清会不会让对方反感、怀疑：为什么你又提这个问题？

那么，是直接回到约定的教练议题好，还是先就误会本身做澄清更好？

答： 先就误会本身做澄清会比较简单。我通常会先就这个事情本身进行澄清，得到对方的确认后再谈别的。在发现、澄清、确认的过程中，要求教练具备高度的敏感和自觉。常用的方法是，请对方复述他的观点，或者由你来重述他刚才说过的观点，并和对方确认："我表达的和你要说的意思一样吗？"

当你发现双方的理解不一致时，需要就不一致的地方继续询问教练对象，这是避免误会的最基本方法。在澄清的过程中有可能会发现大家对当初约定的理解有所不同，对同一件事情理解的程度、要求的深度、结果的清晰度都不一样。回到最初的教练约定是为了澄清并界定这个问题的边界，这是教练的责任。教练对象有时候出现理解偏差是正常的，只要你将动机表达清楚，说明问题时指向清晰，就误会进行澄清，并不会引起教练对象的反感。

一个误会会导致一系列误会的发生，从而导致问题复杂化。教练对象要的是教练价值，也就是最终能解决问题。他一旦知道澄清误会的目的是少走弯路，他会感谢你。这种情况在教练活动中经常发生。有时候，教练对象为了显示自己对教练进程要讨论的内容已经相当了解，会自言自语离题很远，或者会引用教练的话。当他误用某些词语时，教练要及时纠正、澄清，而不能因为顾及他的面子就忽略过去。

问：你能不能举个例子？

答：比如我和一个教练对象交流他所理解的张中锋三原则。其实他的跨界策略里有认知偏差，他讲得很兴奋，如果不纠正，他就会一直误会，还会把错误带进经营管理中，在资源调配上发生偏差，这样问题就大了，所以一定要及时纠正。

这种自觉不仅是教练技术，也是正确的心态。如果教练过多地考虑自己的利益，就容易忽略一些可能产生误会的点；如果你是无私的，反而容易有高度的觉察。

072
示范

词　解

　　为了让教练对象消除戒备、紧张和陌生感，并统一语言体系，与教练保持同频，教练有必要为教练对象做一些示范。教练引发教练对象倾诉的欲望，这是最重要，也是最基本的工作内容。譬如，教练讲自己童年的一个故事，给教练对象示范，这表明教练首先是一种打开的状态，愿意分享自己的一些艰难或不堪。倾听教练讲述的时候，教练对象比较容易代入自己的童年场景，心门也会随之打开，更可以了解一种看问题的视角，产生关联思考。

　　示范是一个几乎贯穿教练活动全程的基本动作，所以示范还是要基于诚意。具备了诚意，示范的方式就可以相对自由，运用的时机会恰到好处，也比较容易切中教练对象的要害。有时候，教练看上去好像什么都没有做，但实际上已经做了示范。比如，教练示范在教练关系中应该具备的心境：专注、坦诚、放松。这些因素很容易被忽略。初学教练的人容易过分在意教练技术的流程，但是执行的时候又觉得不好用，甚至有可能被教练对象嘲笑，这种挫败感会使教练备受打扰，教练议题自然也无法深入。要注意避免这种情况。

问　答

问：示范是教练将自己过往的经历，或者是教练的当下，演示给教练对象看，对吗？

答：对，教练可以拿自己做例子。示范的目的是让教练对象扮演好自己的角色，是让他更轻松地进入教练议程。越是这样，他收获价值越快，教练进程的效率也越高。

问：就是说教练直接示范的动作，其实是教练对象最容易理解的教练行为。

答：是的。同时教练对象也容易相信和接受，还能避免误会，因为示范是可见的，而不是只停留在抽象的概念上。示范还保证了双方是在同一个语境下。所以，示范是一个特别重要的教练方式。

073

温习

词　解

温习是指教练双方对上一阶段教练议题的进程进行回顾和探讨的行为。

温习的目的是要知道：我们现在在哪里，议题进展到什么程度；中间走了什么弯路，我们现在处于有利的还是不利的位置；是压力更大了，还是轻松了等。所有这些回顾，都是当下可利用的资源，可以支持教练议题走向纵深。

有时候仅仅靠温习就可以让教练对象找到阶段性答案，找到那种释放感，会有一种"原来是这样"的顿悟，或者找到"我可以"的自我肯定感，这是非常珍贵的。

就像用梳子把头发梳顺了一样，温习可以激活教练对象内心某个被忽略或者纠结的部分。教练根据教练对象的表情、口吻、眼神、动作等信息，来判断在这个议题上是否可以往下走，以开启本次教练工作的全新指向。

温习还可以帮我们更冷静、清晰地辨识出上一次教练活动没有深入、不完善的地方。温习是能量重启，所以能看见过往无法深入的脆弱之处。温习之后可以继续向深处探寻，教练双方也更有勇气面对未来的不确定性。

温习在使教练对象把更多的信息带到现场的同时，也可以自然地把教练双方一路共同突破障碍、取得进展的这份情感和信心一并带到现场。这自然会促进教练双方信任度的进一步提升。因此，温习是教练推动进一步工作的新契机。

最后，除了对教练现场的动力要时刻保持觉察之外，教练还可以通过持续记录教练笔记，对教练节点的认识变得更清晰，为高效率、高质量的温习做好准备。

问　答

问：温习和通常所说的小结有什么不同？具体表现在哪里？

答：温习比较偏重情感和内心深处的感受，不仅是理性的观点和事实，而且是内心的事实。温习很细腻，像梳子这样梳下来，是流动的、有情感的。

问：有没有具体的例子让我体会？

答：比如教练对象可能会这样对教练说："我们在过去三个月里进行了六次教练活动，我记得这件事发生在倒数第二次，老师你还记得吗？大概在我们进行到一半的时候，我在讲我的一个管理人员离职的事，不知道你注意到没有，我只说出了部分事实，因为当时我觉得不方便把所有东西都说出来。现在我回过头来想想，如果不全说出来，不利于你了解实情和下一步问题的解决。"

　　这个员工可能出于某些原因，离职的时候要多分一点利益，但是这个信息他没办法说出来，他一开始对教练还没有那么信任。但是他暴露了一种情感事实，就是他欲言又止。当时虽然教练可能注意到了，但不方便追问。在温习的时候，由教练对象重新提出来，那将是非常有力量的事实。如果教练对象还没说出来，教练可以追问："我记得在倒数第二次，你说到那位管理人员离职的时候，好像有一些话没有说完，我当时在笔记上打了问号，现在你觉得能不能就这个部分再做进一步的补充？"他一旦补充，就意味着教练关系进了一步，因为他对教练的信任明显增加了。事实上，将全部事实说出来以后，他往往感觉原来的担心是多余的，反而觉得有一种释放感，人也显得更有力量了。温习不是用理性的小结来度量，这是关于内心的事情，可以起到能量重启的作用。

教练关系是一种具有温暖和弹性的关系。教练更偏重于对人心的关照，让教练对象的内心获得力量，只有这样，教练才会逐渐发现原来说的信念是真实的。什么信念？答案在他那里。既然在他那里，那他为什么发现不了？因为他的内心在某一个时刻突然变得无力，不清晰了。懂一些心理学知识，不如不断地检讨自己对人心的真实关切来得更有力量。如果功夫不够，教练会不断拿心理学的模型去套，也就无暇付出自己的诚意。如果两者同时具备，又有大量的实践经验转换而来的心得，那当然更好。

074
评估

词 解

教练关系意义上的评估，第一是指教练双方第一次确认对方是不是自己的适配对象，这直接关系到约定的内涵和边界，包括教练周期和频次，甚至付费问题。

第二是对约定的中间阶段的校对。评估一下，到目前为止，教练进程跟我们当初约定的教练目标接近吗？这个教练对象适合教练来辅导吗？还是应该推荐给其他更适合的同行或者同事来接手更好呢？和温习不一样，温习偏重于对以往教练内容的梳理，评估是看现在这个阶段是否适合，到目前为止教练是否依然是支持教练对象的最佳人选。

第三是对教练成果的评估。对此教练对象的发言权更大一些，因为他是问题的拥有者。他有没有从中获益？有没有看见新的方向？是否通过向新的方向迈进，感受到了一种新的能量？有没有形成新的行为习惯？无论如何，教练对这个评估的结果都应该在接纳的前提下认真研究和反思。

实际上，教练也会有一个自我评估。如果有同事或者信任的教练伙伴，在不侵犯教练对象隐私的情况下，邀请教练伙伴和同事观察教练活动，教练可以得到新的启发，找到自我提升的可能性。无论如何都要对这个过程保持感恩的心。这是教练前行中非常有实践意义的手段，也是很有力量的方法，要善加利用。

从刚开始的辨析，到中间的校对，再到最后的总结评估，看见真实的问题，是教练自我提升的有效阶梯，同时，也有可能让教练对象看到教练的诚意和职业态度。这种专业严谨的态度会促使教练对象在面对新的议题时再次找到教练，寻求新的帮助。

问　答

问：教练的评估工作还有其他常用的手段吗？

答：基本就是词解中提到的这些了。开始是辨析，中间是校对。校对约定的内容有没有变化，主要聚焦在议题和节奏上。还有系统要不要扩展？要不要对关联人进行访谈？此前的约定有没有变化？为什么在这个地方要变化？为什么要加速？为什么要增加系统动力？它提醒了我们什么问题？这是校对的意义所在。结束的时候，要进行总结评估：这个时候我们可以将教练对象送出了吗？这个周期够吗？达到我们的预期了吗？要进入下一个教练周期的话，有哪些经验教训可供汲取？将来应该重点注意哪些环节？

075

教练笔记

词　解

　　教练笔记是教练实践中一个行之有效的自我检视和自我提升的工具。教练笔记可以及时地检视教练行为中教练的优势和可能出现的问题，包括对信念保持的程度、在现场的能量状态、与教练对象互动的深度，以及在教练行为中的新发现，便于教练在每一次教练行为开始前都能保持一种正能量的状态，引发教练相关的成就感或者惭愧心。

　　教练笔记是自我沟通的重要手段，也是一个标尺，每一次教练行为之后教练都可以去度量一下。我在其他的词条中也说过这些，最重要的尺度，就是刚刚结束的这次教练活动中教练是否保持了诚意，教练是否真的相信答案在教练对象手上，是否保持了深度谦卑的心态，是否在现场全然交付了自己，是否保持了无限专注。每一次这样的检索都是一次呵护、一次加固、一次成长。教练笔记是最及时、最有效、最方便的一种自我检视的方式，每一次书写教练笔记，教练都如同做了一次深刻的自我教练。当然，书写教练笔记也可以检视出教练自己的脆弱和素养上的缺失，为接下来的教练行为提供很好的指导。

教练笔记是一种思考成果。一次又一次积累的教练笔记，是可以借助的自我成长的资源。因为教练笔记是教练自己书写的，所以它直面教练的可能性最大，是教练两个"自我"之间的对话。这就像教练为自己请了一个最值得信任的教练一样，让内在的真实自我充分显露，支持职业人格成长得更加完整，这对教练的自我接纳是非常有帮助的。

还有一层意思是说，教练可以请教练对象也做笔记，检视自己在这个过程中是否足够开放？对自我是否有新发现？是否有更加明晰的感觉？是否更放松了一些？对教练的信任度如何？上一次教练过程中主要解决的核心问题是什么？对教练活动的满意度如何？是否有不适当的挑战教练的行为？对提升下一次的教练效率，自己能做些什么？能贡献出新的素材吗？内心能进一步打开吗？能更加相信教练的专业权威吗？离教练议题的目标更近了一些吗？这样，在下一次教练行为开始前，教练与教练对象就更容易找到共同的语言体系，为重点议题的突破提供更多的支持。所以，教练笔记对教练和教练对象来说都是可资借用的动力资源。

问　答

问：教练笔记中最重要的记录或者反思的东西是什么？怎样写出有价值的教练笔记？

答：每一次做教练笔记，都是一次让你返回教练原点的机会，始终都要把诚意放在第一位，思考自己在这次教练行为中是否保持了诚意，进而不断加固对诚意的认知。在教练进程的不同阶段，自己的短板是不能保持平静，还是喜欢直接给出答案？检视一下。这些是教练笔记的内核和精神，是最重要的，也是教练笔记最大的意义。再往下才会进行到对具体教练内容的检视，比如：这次教练进程是不是存在未尽事宜？为什么在这个问题上没有顺利突破？为什么教练对象对某一个问题欲言又止？把这些都描述出来，然后分析原因。

问：怎样督促教练对象也去记教练笔记呢？

答：你可以在下一次教练进程开始的时候询问教练对象：
"上一次咱们谈完以后你有没有进行回顾和总结？你对
上一次教练进程的评估如何？你觉得有哪些问题你想
说而没有说，或者说没有谈透的地方是什么？我们校
对一下，看看我们的想法是否一致，如果不一致，我
们可以就这个不一致做一些探讨，保持双方对教练节
奏和进程的共识。"教练可以通过这样的检查、问询，
敦促教练对象去做检视。如果他说不清楚，可以告诉
他，这对接下来的教练效果可能有影响，也许可以尝
试通过做教练笔记来帮助自己。

076

教练的教练

词　解

　　企业家教练这份工作充满挑战，即使你具备良好的存养。因为来自企业家的议题非常个性化，每一个企业家的人格也都有其独特的发展轨迹和内涵。他们通常是公认的成功者，有非常强大的自我、极强的控制欲、非常强烈的权威意识。此外，在教练过程中会有很多不确定因素突然闯入，教练议题会陡然受到新的冲击，因此教练内心会有一种无形的压力。尽管可以通过教练笔记进行自我教练，也可以通过和教练对象不断进行校对，回顾最初的约定，以及使用我们此前谈过的诸多手段不断调试自我的心态，但是一个人的内心频繁处在这样高强度的压力下，还是会给自己带来一些障碍以及认知上的缺失。压力会使教练下意识逃避尖锐的问题，甚至自我怀疑；也可能相反，对某一项教练成果过分夸大，造成对教练关系亲近程度的僭越、对边界的破坏。通常，教练的职业尊严感越强，这种压力就越大。

　　这时，教练如果能够找到一个可以和自己相互教练的教练伙伴，将有助于教练应对这些挑战。你可以从资深教练那里获得更多的启发和心得，以及不断突破自我、不断向前的动力和解决方案。这会使教练建立更大的信心，也会感觉到自己并不孤单。

　　作为你的教练，他会以教练的视角来看你。这个时候的你其实是一个问题拥有者，对方扮演了你的镜子，照见你通常看不见的部分。由于两个人都是教练身份，有相关的教练修养，效率反而会很高。

问　答

问：教练和自己的教练伙伴在相互教练过程中应该特别注意什么呢？

答：最重要的依然是要付出真诚，要真正觉得对方对自己是有价值的，所以不能把教练过程当成一种形式，更不可以将自己对教练职业的熟悉当成自我防护的盔甲。本来你邀请的教练伙伴是来帮你照见你的问题的，结果你却因为知道对方想问什么、想发现什么，就把盾牌举起来，好像在比拼教练技术一样，这就失去了意义。

如果害怕在教练伙伴面前显得自己不专业、不够优秀，这是极其糟糕的事情。如果是这样，还不如不请别人来教练自己，因为相互教练会变成对教练词汇的玩弄，变成了表演，这是严重的自欺欺人，会将双方带入陷阱中不能自拔。更有甚者，名义上是邀请教练伙伴进行相互教练，实际上变成了互相指责、批判、嘲讽，这是极不道德的，最终也会伤害到自己。这与我们的教练信念及职业追求背道而驰。

教练应该高度自觉的还有一点：向另一个教练透露关于教练个案中教练对象的相关信息时，应该对边界有高度的警觉。教练的保密原则也适用于此，泄密会有巨大的破坏性，会带来高度的困扰，相互教练的伙伴关系也极易随之破裂。

077
庆祝

词　解

　　庆祝是一种仪式，是一种提醒和鼓舞，是一次对双方精神的犒赏。任何一次旅程都需要这样的鼓舞，尤其教练关系是一种陪伴关系，里面充满了不确定性。教练进程即将进入全新的阶段时，就更需要做一个标示，证明我们经过努力，可以变得更好。

　　庆祝也是一种慰藉。从庆祝中教练双方都可以获得更多的信心和勇气走向下一个阶段，迎接更多可能的困难。

　　庆祝更是一次新的联结。庆祝会加深双方互信，会让双方找到我们是伙伴、我们在一起的感觉。

　　庆祝还是一次机会，向教练对象传递一个信号：是他自己在寻找答案，他有能力去到他要去的地方。

　　庆祝的方式可以多种多样，可以根据教练对象的特点和实际情况来设计。庆祝，更多的是精神上的标记，形式也更具精神性。它可能是彼此给对方的一封感谢信，或者回到当初大家第一次经历教练时刻的地点，其目的都是让教练历程重现，让教练过程中碰撞出来的灵感成为一盏盏灯，这也是更为深刻有效的检索。

庆祝不同于正式的教练报告。教练报告会专业理性地梳理教练过程中的得失，并给出相应的专业意见；庆祝则更偏重于精神和情感的交流，营造彼此的亲切感和信任感。

庆祝并不意味着结束，而是一段新历程开始的号角。但在实际的教练进程中庆祝往往会被忽略，更谈不上充分发挥它的力量，这正是我们单独谈论庆祝的主要原因。

问　答

问：我理解庆祝是一种提醒和鼓舞，或者说是精神层面和情感的交流，那么庆祝要有仪式吗？

答：要有仪式，这是庆祝的特点，但更多的是在精神层面上的。比如说，在某教练个案中我和教练对象有一个庆祝的仪式，那是他们公司完成并购后团队参加的最后一次教练活动，我开了一个茶会，目的是引领他们互相感恩。这既是团队的一个联结，又是我与主教练

对象的联结，而且是对我们教练关系结束的庆祝。我
请了专业的人员，用影像记录我们的最后一次对谈，
回顾过往我们在教练进程中取得的成果，最后大家都
感慨万千。这样的庆祝会在对方的精神领域里开出花
朵来。

问：庆祝会对人产生很大的影响，对吗？

答：在彼此的眼神里都能看出互相的感谢与理解，那就是
庆祝。这是对彼此人生的一次鼓舞。让对方看见，在
精神上，教练可以深度地参与到他的生命建设中来。

　　这个世界上还有谁能如此靠近自己呢？他觉得有
一个人始终在他身边，很懂得他。当然，也可以采用
其他形式，比如每到一个重大节点，都给对方发一个
短信，就这段时间的陪伴向对方表示感谢。这其实也
是一种庆祝。

　　庆祝是一种激励、一种肯定，是对我们取得某些
成果达成的共识，是对到今天为止的成果进行赞叹，
就像击掌一样，彼此鼓励。庆祝也是前行的动力，就
好像过去军队里每次打胜仗，士兵一定要庆祝，为什
么？因为还要打下一仗，所以给自己鼓劲儿。庆祝在
人类的生命进程中一直都很重要。为什么要有节日？

它会联结人，加深人与人之间的情感，增加联结感和力量感，来共同面对未来。教练要有自觉，因为庆祝是我们可以善用的动力资源，用来推动教练关系向前。

作为教练对象的企业家，他们的人格很厚重，也很复杂，经历的人生艰险本身就很多，他们能捕捉和敏感地察觉到庆祝的力量。他们的现实生活充满了艰难，一直在披荆斩棘，太多的决策需要他们在不得已的情况下做出，而庆祝是一种积极向上的、让内心特别温暖的内生力量，所以教练一定要善用庆祝去触动企业家的内心。你只有进入企业家的内心，才能支持他们，而教练修养正是从这个意义上来谈的。

078
体验

词　解

对教练对象来说，好的教练体验有如下特点。

第一，教练对象最强烈的感受是，这个人可以打开我的内心，可以让我说心里话，可以让我将平常不能表达、想不到表达、不愿意表达、不敢表达的东西表达出来，而且让我发现了自己没想到的力量，而这个力量是经由内心产生的。

第二，教练对象即时的感受会比较强，是当下的、即兴的，他不是要等一个系统的解决方案，而是边走边解决的，是过程式的。

第三，教练对象体验到自己有很强的参与感，好像自己找到了这个答案。教练只是提供了一种方法、一种场景，教练对象因为与教练彼此信赖而共生。

问　答

问：教练体验是在教练过程当中客观发生的体验，还是教练
　　成果的一个很重要的组成部分？

答：如果是美好的体验，当然它会是教练成果的一个组成
　　部分；如果不是美好的体验，也是指向教练成果过程
　　中的一部分。但无论如何，教练体验对教练进程都会
　　有非常大的影响。所以教练要对教练对象的体验非常
　　关切，要保持敏感和觉察，必要的时候可以通过评估
　　和温习去进一步问询和检讨。

问：为什么体验这么重要？

答：体验是教练对象对教练关系的一种直接的感受，如果
　　教练对象感觉不够满意，会影响他的投入度，会导致
　　教练对象表达不准确，注意力不够集中，或者生出烦
　　恼甚至对抗情绪，而对于这些教练对象通常是不自觉
　　的，但是作为教练应该了解。

　　　　反之，如果是美好的体验，像教练时刻的到来，
　　会鼓舞教练对象提升意愿度，暴露更多的事实，对教
　　练产生更大的信任，投入更多的精力解决问题，并用
　　心地把部分教练成果应用到实践中，这对推动教练活
　　动的进展当然至关重要。

079
语言

词　解

　　语言是分别意识的结果。每个人都有各自的成长历程，有各自在关系中的特殊位置，即使面对同一个问题、表达同一个词语，代表的内在情绪也相当不同，这需要教练有高度的警觉。教练有时候要重复教练对象的话，并请他进一步阐释某个词语、某句话所指的到底是什么。让他确认的过程既可以帮教练了解教练对象的状态，教练对象也可以通过对词语或话的澄清做进一步的思考，澄清过程中也许教练对象就会有所顿悟。

　　语言有时有欺骗性，比如教练对象说，"我感觉很惭愧"，教练就要追问："你说的惭愧具体是指什么，你能不能多说两句？"也许问题就在这里，这是教练要具备的敏感。教练尽量引用教练对象的话，就是为了避免构成语义理解上的误差。这是语言在教练关系中的第一层含义。

第二层含义指的是在教练现场有非常多的非话语式的语言，教练要懂得识别，尤其是教练对象在现场的身体语言。譬如某个教练对象嘴唇很容易不自觉地抽搐，这往往是长期压抑的结果，不用话语表达就已经表明他处于很不放松的状态，至少在某个系统里面有相当大的压力。这种身体语言往往比说出来的话语更能透露出真实的信息，更能指向议题的症结。破解这些语言的密码，可以帮助教练准确提问，或者说更容易与教练对象产生共情，让教练对象觉得教练和他在一起。教练本人也要注意自己的身体语言，其实教练对象同样也在读取你的各种语言信息。这不是礼貌问题，而是会直接影响教练效果和教练价值。

另一种非话语式的语言是指教练与教练对象之间交换的文字，比如双方在教练过程中来往的短信、教练给教练对象写的长信。这些在语言上要求更加考究，用好了，作用会非常大，特别是在某些教练进程中的关键节点所产生的推动力，可以帮助教练与教练对象建立更深的联结，教练的能量能够更好地传递。

问　答

问： 一个优秀的教练，在语言方面应该具备怎样的能力，才能保证他做好教练工作？

答： 事实上，教练关系主要是靠沟通来建立的，而语言是沟通最重要的工具，所以拥有良好的语言表达能力是教练的基本素养。我想强调的是，不要过分追求语言技巧，而要善用语言。如果你能保持诚意，当你进入教练现场的时候，你会发现语言表达并不费力，而且会准确、有力量；如果缺乏诚意，语言就会变成简单的技巧，这反倒会让你觉得很辛苦。

问： 一个不会表达的人，也比较难做好教练式的交流，不是吗？

答： 在真实的教练现场，很多教练活动是靠教练的行为，比如倒杯水、搬把椅子、挪动一下杯子、把一本书拿给教练对象。这些都是语言，而且非常有力量。这种诚恳让教练对象觉得你懂得他，而且可以信赖，这不是靠教练讲多少话就能换来的。

　　何时表达，取决于教练对事情的洞察力。怎么表达，远没有为什么要在这个时刻表达来得重要，哪怕有一点点笨拙，也是可以的。我这样讲，不是说我们通常意义上讲的语言表达能力不重要，相反，基本的语言修养对教练活动是有很大帮助的，比如你帮助教练对象辨析的时候，你可以用不同的词语来跟对方确认。如果你的词汇很贫乏，不能将日常生活中生动的场景转换为一些概念，肯定会对交换意见构成一定的障碍。

080

立场

词　解

立场是你站的位置，你的观点和态度，也是一种宣示和告白。

教练的自然人格和职业人格要区分开。教练不可以有自然人格的私人立场。教练的职业立场是中间立场，这样可以更清晰全面地看见各方及其背后的力量，教练才能保持清醒。要相信：答案并不在教练手里，教练只是帮助教练对象看见更多的真实。

教练的私人立场不能带入教练过程，教练要对建立防护墙高度自觉。教练对象会放大对教练的期待，有时不太能接受教练没有私人立场，所以，教练要提前和教练对象做好约定，说明之后的表达都是基于"教练"的立场。

指出实相总是艰难的，教练因为怕教练对象看见真相后会错愕和痛苦，而错过指出实相的机会，会贻误时机，甚至会导致教练关系的终结。

心要始终在教练对象那里，要做到无私，立场这个词才有意义。

问　答

问：教练要始终站在教练对象的立场，为对方着想。教练的立场始终如一，就是希望自己能帮助对方进行改变，让对方能够有认知的提高、内心的平和。这是立场这个词条中关键的要素。

答：除此之外，立场还强调教练不能有私人立场，就是不能有自然人格的立场。

问：教练不能有私人立场？

答：对，比如说不能有张中锋的立场，但可以有张教练的立场。张教练的立场是中间立场。有时候你会同时教练几个教练对象。你不能站在主教练对象的立场，也不能站在议题所涉及的教练对象的立场。教练的立场，是第三方的立场。

问：就像家族传承中的两代人。

答：对，你应该站在外边，不能陷到里边。

问：这时只能慢慢引导，教练过程中没有到火候，教练硬要表立场，也是没用的。

答：因为他们是至亲，比你更加关切彼此，这是客观事实，这意味着他们和解的动力就在那里，不需要你再去强加什么。你要相信他们有意愿，他们之间的感情联结最深，而且要相信有一个通道就在那里。你是跟他们共同去发现、探索这个通道的人，而不是你在那里搭建一个通道，让他们走过来，这就是区别。怎么做才是一起去发现？多让他们说自己的问题，包括他们不想说的和想说的、难过的和快乐的。在这个过程中，彼此妥协的力量会从内心自动生出来，因为内心那个妥协的声音一直都在。这就是教练。当你有这个信念的时候，你就会有耐心不断去倾听他们讲各自的观点、立场。讲着讲着你就会发现，他们的话里开始有了替对方着想的地方。这就是我说的那个客观的动力本身就在那里，他们关切的心、达成和解的心，比你强烈得多，因为他们做出的其他动作都是被迫的，他们很无奈。陪伴的耐心特别重要，你不能急于输送自己的观点。

问：如果教练对象问你的观点是什么，这个时候可以说出
来吗？

答：你可以这样回答：我有一些作为教练这个身份观察到
的信息，看看是不是能启发你更准确地表达你的想
法。教练要公正地让教练议题的相关信息更多地呈现
出来，让它有一个客观的进程，不能让教练的私人情
感影响到教练对象，这会对整个教练进程的节奏有影
响。不经过长时间的职业训练，教练很容易把很私人
的观点跟自己的职业角色混淆，这也是我们之前谈过
的自然人格和职业人格的问题。

081
动力

词　解

　　动力在教练关系中是一个系统。凡是能够支持教练关系正向前行的力量，都可以成为教练行为中的动力。

　　一个企业家教练是否善于使用动力，决定了教练成果的好坏。教练首先要识别什么时候用什么样的动力系统能够最大限度地支持教练对象穿越艰难，这种能力类似撑竿跳的那个撑竿，在关键的时候能让教练对象撑着跳过去。这些动力一方面来自教练的提问及相关的回应，另一方面来自教练善用教练对象本身的内在动力，以及教练对象周边的重大关系，在议题范畴内的重大关联人等都可以在教练的引导下，转换为一种积极的正向动力，来帮助教练对象识别和转化，解决自己的认知障碍，推动自己行为的改变。

　　此外，动力系统还包括相关的场景，如一些实用的影像与图书，或者教练陪着教练对象一起见某一领域的专业人员，也包括一起旅行的旅行空间，面对博物馆的一幅画或者一个全新的建筑，都可以营造一种全新的动力。这些动力是为了帮助教练对象获得正能量，将教练对象从焦灼中剥离并让其升起一种积极的振奋感，有自己被"刷新"的感觉，仿若处在雨后清新的空气里，听见清脆的鸟叫声，看见彩虹。

　　重要的是，教练应该对什么是动力有高度的识别能力，并且知道整个教练旅程都是动力给予的过程，就像一列火车向前行驶就需要动力充沛，动力不足旅程就容易受阻。

　　动力充沛，就会提升教练效率，靠近要寻找的答案，而且因为联动作用，许多周边相关的资源也会变得可以为教练对象所用；反之，也会产生连带的副作用，引发教练对象更大的畏难情绪，以及内心生出更多的纠缠，从而形成一个负循环。

　　因此，教练在运用动力系统的时候一定要懂得把握时机，运用得当，懂得节制。如果组合不好，这些动力放在一起，反而会让教练对象迷失教练的焦点。这也是"节制"和"时机"的一部分内涵。

问　答

问：教练要非常专注，才能找到适合的动力？

答：是这样的，所以说诚意很重要。如果教练仅仅按流程、方法、技术来推进教练进程，会很生硬、不自如，有时候教练对象不见得能够按照你的方法做。只有怀有诚意，教练才能发现机会。根据现场的动力关系，哪个动力最有力量，这个是靠你全身心在现场观察来发现的，要高度专注，所以教练时间不能太长。因为你能高度专注的时间是有限的，你要长时间全身心在现场，是很难的。

问：动力关系必须是三方组合，还是说两方就可以了？

答：两方当然可以。

问：三方会更好？

答：也不一定更好，动力关系需要几方，取决于议题的需求和教练对象当下的状态。有时候引入第三方的作用很大，有时候却可能是打扰。如果教练足够敏感，完全可以把谈话场所里的音乐和光线看成动力，这本身就是组合。另外，客观上教练的存在对教练对象来说就是一种动力。经由教练的影响，教练对象会在内心让问题形成一个新的组合，可能有些问题原来是障碍，现在变成了动力。这是教练的价值体现。

教练也可以利用团体动力，比如我在深圳教练那对企业家父子，就是利用团体动力，现场还有八九个私董会伙伴，我借助这些人加强了解决方案的力量。

082
系统

词 解

在教练活动中，教练对象注定是个系统，实际的教练行为，一定是针对一个系统产生作用力，是基于以企业家为核心的一个关联系统进行教练。

具体来说，这个关联系统就是指与企业经营和家庭生活相关的重大利益关联人的集合，包括企业高管及其家庭主要成员，有时候也包括上游供应商和下游重要客户。要对这些人如何支持教练对象做出系统的分析，并就要对这些人进行哪方面的教练、需要多少时间，和主教练对象做详尽的沟通，以便达成共识，还要运用企业家的权威告知这些人，为什么教练要跟他们沟通。这个动作本身就是一个信号：企业家现在要改善自我，希望大家能够支持。

教练更关心人。人的认知和行为改变了，相关的事情

就会发生改变。比如企业要推动一个重大的突破性项目，
这个突破性项目里面所有重大利益关联人都可能是教练对
象，教练需要关心他们在项目中是怎么行动的。

问 答

问：用系统这个词是不是太大了？

答：这个词强调的是客观上教练面对的是一个系统，不论
大小。企业家本人只是那个主教练对象，这也是企业
家教练活动的特殊性。企业家本身是一个企业的领
袖，教练议题往往反映了企业里面的诸多问题，一定
会涉及对应的关联人。这些人不仅包括企业内部高
管，有时还会涉及对其有关键影响力的供应商和重要
客户，甚至可能涉及企业家的重要家庭成员。在企业
不同的发展阶段，每个企业家面临的教练议题也会不
一样。特别是我们提到过的企业五大关键时刻，无论
是企业遇到危机、企业并购后的协同、重大突破性项
目实施，还是企业领导交接班和企业转型升级，背后
都是一个骤然变化的系统，都要求其中的关键人力资
源和作为主教练对象的企业家有高度的协同，而教练
正是一个非常好的推动力量。

083

协同

词　解

　　教练对象是企业家，他通常在组织和家族里扮演着权威角色，所以当他要做出改变的时候，整个系统都需要做出相应的改变以进行配合。

　　一个系统中权威的形成，也意味着一种关系格局的形成。当系统中的权威说他要做出改变时，系统里的人基于过往对权威的认知，会有一个不适应的过程，尤其是离权威比较近的重大利益关联人。他们感受到的变化最直接、最真切，对他们的利益影响也最大，因此他们常常会思考怎样才能让权威认为他们的反应动作是对的，由于不方便直接问询，只能在心里嘀咕。而作为权威的企业家却会认为：我都改变了，你们怎么还是老样子？企业家做出这样的改变本来就有点儿难，周边的人如果不按他的新动作配合，就会形成一种阻力。另外，作为教练对象的企业家会觉得他的改变反而让效率变低了，团队里的人响应不及时，还满脸的困惑，这些会影响他改变的信心和步伐。

教练对象应该邀请教练扩大教练范围，他的重大利益关联人，应作为教练系统的一部分同时参与到教练进程中来。最重要的目的，是让这些人知道企业家为什么要改变，为什么要有新动作，需要大家怎样配合，明白怎样做才是对权威的真正追随，只有这样才能推动企业家进行改变。

教练通过这些教练动作，让他们之间形成协同。教练在什么时刻教练谁，每一次对其他人的教练行为和教练结果都需要跟主教练对象沟通，做相应的教练式的告知。教练式的告知并不是把跟其他人谈话的所有信息都向主教练对象汇报，而只是让对方增进信心，获得系统支持的力量，便于养成新的行为习惯。

问　答

问：如果教练对象不想让周边的人了解他在以教练的方式解决自身问题，他不想要协同作用，那该怎么办？

答：首先要允许教练对象有这样的想法，可以先让他通过更多的教练体验，对他关心的问题进行一定的厘

清，对自己有更深的认识。在这个过程中，他对议题
涉及的重大利益关联人需求度的急迫性、重要性，就
有了进一步的认识，了解了协同的重要性，同时他自
己也更加自信了，对教练工作的内涵和方式也更加认
同，这个时候他往往更容易接纳使用协同的方法。我
的工作实践告诉我，实际情况是他有可能会在这个过
程中主动提出来：这个问题你最好跟其他相关的人谈
一谈。

问：保密、隐私也是教练的关键词，怎样跟协同不冲突？

答：教练会跟主教练对象进行约定，在和协同参与方沟通
时，哪些信息可以说到什么程度，哪些信息可以告
知，哪些不可以，这个边界会由双方共同设定。当
然有一些是属于教练自己掌握的，这个也是教练的功
夫，但是涉及保密和隐私的边界时一定要双方约定。

问：在利用协同关系时，如果发现非但没有带来协同反而有
捣乱的作用，教练该怎么办？

答：任何形式呈现的都是教练信息，为什么会出现捣乱？
教练可以用这个现象来跟主教练对象进行沟通。协同
参与方不一定都会主动响应，这呈现出主教练对象身

处的环境到底如何，你对主教练对象所处的环境了解越清晰，越能帮到他。以前你都是听主教练对象一个人的陈述，他可能会忽略，或出于种种原因没有看到某些问题。问题呈现之后，你可以就这个问题跟他探讨，不管主教练对象是何种态度，这种态度对教练进程都是有价值的。

084
日常

词　解

教练之于企业家是一次特殊活动，这不是他每一天都要处理的企业事务，而是关乎他本人内心深处的纠结、不堪和脆弱。这些角落在日常生活中很少被触碰，而在教练活动中不但要触碰，而且要向深处探索。

教练可以在开始的时刻，跟教练对象沟通清楚，教练过程不管多么有成效，都需要回到企业家经营和日常生活中去实践。教练活动的目的恰恰是把在日常生活中不容易发掘的一些东西发掘出来，返回到日常生活，让它成为一盏长明灯，让内心那个黑暗的角落被照亮。这意味着教练对象更加完整，对自己了解更多，自我的边界更大，自我肯定感更强，便于他在日常生活中去迎接经营中的挫折。经历了这些，他会以平静的心境去面对日常生活中的困境，更容易全面了解正在发生的事情，比较容易内省，比较容易让各方资源处于应该处于的位置。如果作为枢纽的企业家本人是扭曲的，他的行为就会更加情绪化、更加偏执，导致事情可能会发展到不可收拾的地步。

同时，也不能指望教练时刻一直在。不少教练对象，包括教练本人有时会期望过高，导致教练对象回到日常生活中容易出现失望和挫败感，从而影响对教练价值的正常评估。回到日常生活的同时也要面对反噬的力量。教练对象一旦回到日常生活，就意味着他回到各种各样关系的固定模式里，而如果没有准备好去响应这些关系，教练对象就会遭遇重重障碍。教练要根据具体状况，自觉运用此前介绍过的系统、协同等教练手段，让教练对象不要被反噬。

问　答

问：教练时间和日常不应该是对立的，而是相辅相成的。关于这一点，能否请你进一步讲讲？

答：我们挖掘教练对象的潜能，让他习得某种能力，这意味着他未来回到日常生活之后，这种能力就像一盏灯，可以照亮每一个黑暗的角落。他扮演着领袖的角色，是整个组织的赋能者，整个组织都能被刷新。这个日常是一个被刷新的日常，已经有了新的内涵，也就意味着组织能力提升了。

教练可以跟教练对象约定回访的时间。教练行为结束之后的三个月、半年、一年做一些回访：过往的三个月、半年、一年中是否有新的挑战？通过领导力的提升，整个组织有被刷新的感觉吗？如果教练对象还有问题，可以由教练进行启发、点醒、复习，给教练对象带来新的动力，让他持续保持清醒的自我觉察状态。这是一种比较理想的情况。当然，因为经营有不确定性，也许这个教练对象还会开始另一个新的教练周期，他的领导力有机会在另一个短板上再次提升，如此循环。

日常本身是一个检视，也是一个提醒，关键是教练对象要有觉察，不能被旧有的日常行为覆盖，同时也不要害怕，教练的目的正是和教练对象一起克服恐惧。当然，也要相信教练对象有触类旁通的能力，会在日常生活中自我修复。

085
行动

词 解

　　教练价值实现最重要的标准就是教练对象认知和行为的改变，并养成新的行为习惯，一旦教练对象对问题的症结有深刻的认识并有强大的改变意愿来支持实现新目标，教练就要基于教练对象新的认知，启发教练对象说出他基于这个认知的行动计划，这也被称为"承诺"。在下次教练时间之前，让这些认知落地，向着共同约定的目标靠近。教练要和教练对象对这些承诺进行确认：是这些吗？还有吗？中间可能会遇到什么困难呢？在这个过程中，谁还可以提供支持呢？教练要让教练对象对他做出的承诺有一个完整的了解和评估。其实，这种问询本身就是一种支持，帮助教练对象做了进一步的澄清，对行动的轻重缓急和性质有更深切的了解，对周边关系也会有相应的照顾。

　　没有行动就没有结果，没有行动就看不见价值。行动在教练行为中一直都在进行，下次教练时间里最先谈起的话题，就是上次我们做出的行动承诺实现得怎么样，我们事先想到了哪些东西，哪些没想到，为什么没有想到，有更好的方法避免吗，跟我们议题的关联度有多高。说不定从这个地方就会找到突破口，产生更深刻的价值，也会让教练对象对行动的必要性有所认知，从而采取更坚决彻底的行动。

　　尽管我们讨论得可能很详尽，教练对象在实践中仍然有可能因认知上的模糊来寻求教练的支持，需要教练帮助他做进一步的辨析和澄清。教练依然要遏制住给出答案的欲望，依然要记得相信教练对象自己有能力解决这个问题。而且，这又一次呈现了教练对象的问题所在，给了教练更多的素材和机会去思考。行动计划做得太大了，实现不了，就有挫败感；太小了，就会没有动力，感觉不到教练价值。每一次教练行为之后，教练对象适度的行动计划是慢慢总结出来的。

　　当然，作为职业教练，有必要一开始就向教练对象说明行动计划的性质和可能产生的影响。什么是适度的？有什么好处？为什么我们一定要有一个承诺？为什么一定要行动？因为行动才是实现教练价值的唯一渠道。

问　答

问：行动对于实现教练价值非常重要。当教练遇到制订了行
　　动计划，但是屡次不执行的教练对象，应该怎么办？

答：不能等到屡次不执行，有一次不执行，就要反复追问：
　　你是认为这个问题不重要吗？还是说这不是我们的真
　　实问题？总而言之，要问清楚教练对象缺少执行动力
　　的原因是什么。

问：也就是说，他不行动也是一种信号？

答：非常重要的信号。追问这个问题本身是有价值的，这
　　正是一个教练的契机。对教练对象来说，也有一种可
　　能，就是突发事件夺去了他执行这个计划的所有时间
　　和空间。当然，这是个偶然。一般教练对象会在这个
　　过程中跟你沟通，告诉你上一次的计划没办法执行。
　　那就要在下一次看看这个突发事件跟议题有没有关
　　系。如果有关系，在下一步执行的时候把这个突发事
　　件考虑进去；如果完全没有关系，继续完成上一次的
　　承诺，再往下走。

问：还有一种情况是，他行动了，但可能推进不了。原因可

能是我们在分析这个行动计划的时候，少考虑了一些问题，导致计划没法执行。这就说明上一次教练工作没做透。

答：这也有可能，那就继续做。总之，不能跳过去。

086
陪伴

词　解

陪伴是一个时间概念。尽管教练有意愿尽快让教练对象形成新的认知和行为习惯，早一天把教练对象送出教练周期，但是，一个成年人养成新的行为习惯，客观上需要时间。通常教练在教练对象有强烈意愿的情况下，通过有效的几次教练，就可以问出真实的问题并做出深刻的辨析，这是相对容易的。难的是获得这个认知之后，旧的行为习惯向新的行为习惯转变需要有一个过程。

一个原因是，教练对象是慢慢形成今天这个问题的，当然也需要较长的时间才能改变；还有一个原因是，一旦回到日常，旧的关系非常支持旧的行为习惯，所以教练对象很容易重新进入舒适区。这也充分说明了改变不是一蹴而就的。

　　教练进程结束后，教练对象仍然需要教练一段时间的陪伴，给予他持续的支持，包括协助教练对象一起教练他周边的重大利益关联人，营造出新的行为习惯养成氛围并构建关系背景。教练和教练对象都要有相应的心理准备。

　　教练价值最终表现为对旧的行为习惯的调整和对新的行为习惯的养成。从这个意义上讲，教练关系是一种陪伴关系。

问　答

问：对于教练对象来说，教练的陪伴，其角色和实质的意义是什么？

答：教练对象寻求教练帮助时，往往是感知到自己心性不稳定了，对自我产生疑虑，缺乏信心。陪伴意味着在一起，意味着教练对象脆弱的地方有了一个支撑，多一个力量去支持他穿越黑暗，内心不再觉得孤单。

　　通过教练的陪伴，教练对象把自己本来的能量寻找回来，重新焕发生机，对当下环境的辨识度提升，回归自己拥有的领导力，可以更有能力看清旧环境和希望的改变之间的距离。

　　陪伴会提高教练对象看见问题和完成改变的效率，挖掘自身的潜力，使得教练对象既有辨识能力，又有勇气去找到最佳的行动路径，包括如何善用系统的其他力量。从这个意义上讲，陪伴实质上就是一种赋能。

087
保密

词　解

保密是对教练系统内信息的释放范畴和传递指向所制定的一整套行为规范。

保密是所有商业契约关系的基本原则。特别是家族企业中因为利益和情感之间千丝万缕的纠缠，会导致教练内容被定义为"隐私"的比例大幅增加。所谓"家丑不可外扬"，泄密会对整个事态有不可估量的破坏性影响。

教练是极少数会靠近这部分隐私的外部人员，会进入当事人的内心，涉及的隐私会更多，所以教练的保密意识要强而又强。即使面对同一项目中的教练同事，分享相关信息时也要做不同等级的保密处理。

需要特别说明的是，教练对象也要有这样的保密意识。尤其是家族企业的领导者，由于自身地位的权威性，其对有些信息的保密不是很敏感，对相关信息的适切性思考不周。当然，有时候只是因为他不了解。因此，教练关系开始时，就要把保密规则作为单独话题进行充分讨论，需要教练对教练对象做专门的议题管理。

问　答

问：一把手的保密观念通常是不强的，我自己也是，有时候一些事情往往是我自己说出去的，因为我不太在意。

答：因为教练对象是企业里的权威，觉得这些信息都在自己的掌控之内，缺乏自觉。

问：所以要事先约定保密。如果说出去会导致不好的后果，通常教练对象会怪别人。

答：是的，所以教练要和他约定好，要多提醒，另外也要说明泄密的破坏性有多大，要让教练对象了解这个事情的严重性。传递信息时，差一个晚上结果就不一样，因此，每次我都对作为教练对象的企业家再三强调保密的重要性。

　　牵涉到教练议题的都是教练对象内心深处的东西，有时候是只有教练对象自己知道的信息，教练与教练对象一定要高度自觉地去管理，否则整个教练过程的成果都可能会被破坏。

这与信息传递的速度和比例有关。哪些信息可以说，哪些信息不能说，释放信息的先后顺序，边界在哪里，特别是在教练议题需要系统里相关资源协同时，因为牵涉好几方的利益，更需要教练与教练对象谨慎约定，否则一不小心就会带来新的冲突，整个系统就乱套了。

教练要知道自己受人委托，这是个很职业的事情，需要对职业操守时刻保持敏感；对于作为教练对象的企业家，要知道你是可以左右全局的人，泄密会导致自己突然没有腾挪空间、进退两难。

088
回访

词　解

　　回访，是教练关系结束一个周期之后，双方约定就教练对象回到日常与系统的对接能力，由教练定期进行检视。回访是对教练对象的一次唤醒。几十年的行为习惯，很难通过半年或者一年十几次的谈话就彻底改变，而且教练对象通常是因为一个特定的议题来找教练的，但是他的日常工作并不只有这一个议题。教练进程完成之后，没有教练陪伴的三个月或者半年里，教练进程完成时形成的新行为习惯在现实中有可能会受到新的挑战。

　　回访会使教练对象立即得到一种能量，会升起更多的信心，也会增加更多的自我觉察，包括当初他在教练周期里做出并实现的一个个承诺。教练的回访首先是一个提醒，然后，教练对象会感觉到被关切，这对他来说是一种能量，同时也是对过往教练旅程中闪光的地方的一次回溯，再进行一次体验。一个管理者在企业里是很孤独的，如果三个月或者半年之后，再次与一个那么了解他的人重建联结，他会觉得温暖、不孤单。

回访还会谈及过往，议题涉及教练系统中的关联人、重要因素现在怎么样。客观上在教练周期里不仅涉及作为主教练对象的企业家本人，还涉及企业高管，以及议题中其他相关联的重要人物。或者也可以由企业家来告诉教练他们现在怎么样、变化如何，是否需要教练也给其他高管做个回访。即使教练对象的一切做法都是对的，回访也是有意义的：再一次肯定我们走对了，我们要坚持这样做下去。回访可以理解为对教练成果的一次巩固，不同的是教练周期结束了，相对来讲，教练和教练对象会更客观，因为双方从议题里抽离了，有一定的观照距离。在回访的过程中，可以邀请教练对象再次审视过往，对教练本人也可以提出一些建议，这是双方共同的回顾。

问　答

问：回访和我们之前谈过的温习、庆祝、评估有什么关系？

答：温习、庆祝、评估，这些内涵因素、行为方式，在回访中都可能发生。最大的不同是，回访是在教练周期结束后，经过一段时间以后看看教练成果是否还能保持。因为艰难议题已经基本解决，更重要的是面对其他的经营议题。再次回到日常实践中，才知道过去的教练周期中哪个阶段怎么走也许会更好。还有，因为双方不在教练周期内，大家谈论这个问题的时候，心情会更加轻松，反而比较容易客观地审视问题。

问：回访的时候有什么注意事项？

答：回访时，教练和教练对象心态相对比较轻松，也比较熟悉彼此的语言体系，双方的主要目的是看能不能在访谈中发现需要共同面对的新的潜在的议题。教练应该多鼓励教练对象，因为此前的教练进程已经证明了答案就在教练对象的手里。回访的着力点还是要让教练对象更加相信自己有这个能力。

问：更多的是让教练对象相信在陪伴的作用下，他可以取得成绩。但是更重要的是他要相信自己的能力，这种力量其实是在他自己心中的，要更强调这个吧？

答：是这样的。

089
议题

词　解

　　议题是指企业家决定邀请教练来帮助他解决相关问题的具体指向。企业家的议题通常会集中在企业领导交接班、企业遇到危机、重大突破性项目实施、企业并购后的协同、企业转型升级。这五大时刻，企业家不仅在专业的事务上需要相关的咨询公司给出专业的解决方案和路径，更重要的是，企业家的心性会受到重大冲击，他会倍感孤独，甚至有无力感和无助感，需要一个倾心沟通的伙伴，懂得他的艰难和决心，懂得他为什么要有此行动。

　　这五大时刻其实是一些引发点，会触动企业家对教练需求的显性化，通常也会引发对应的五种议题。企业家往往是由某种感受指引来提出问题，并不一定能说清议题的实质。这是正常的，也恰恰是教练进程的内容之一。

经过辨析，议题的准确度会提升。企业家原本因为转型升级来找教练，交流中发现问题不在这儿，而在于他的家庭关系问题，让他处于焦虑的状态。假使没有这个家庭症结，企业家是有足够的能力解决相关问题的。家庭关系理顺之后，他就获得了新的能量，可以自己处理业务的事情。有些企业家一开始问的则是他的人生问题，比如如何善终这样的终极命题。这时，教练也要帮他辨析，推演后往往会发现这些问题的根源还是上面提到的五大时刻所引发的困惑。

总之，教练要对议题的内涵、性质进行深究和辨析。教练议题将决定教练周期、节奏及教练系统的延展性等问题。

问　答

问：教练是怎么判断议题的对焦是否准确？

答：在教练实践中，主要依据教练对象的反应，或者身体语言来判断议题是否对焦。如果对焦准确，教练对象会说：原来这个才是我要真正解决的问题，你今天给我问出来了。也就是说，对焦准确往往表现为教练对象豁然开朗。

问：此前他自己对于议题是模糊的，为什么？

答：教练的力量和价值就体现在这里。教练对象会困在一个事情里面，因为他的视角不够全面。教练可以启发他，除了面前270度的视野，还可以向后转身。就像原以为地扫得很干净，可是怎么还有味道？原来后面那个墙角比较脏，没打扫到。

问：你的意思是说，如果没说到真实问题的层面，教练对象会给你反馈？

答：对。但是教练不能完全依靠教练对象的反馈。教练应该有更强的洞察力，看看这里面是否还隐藏着什么。如果教练觉得还有不太清楚的问题，可以继续追问。教练对象以为到这儿就可以了，其实教练再追问几句，好像还有更深层的逻辑在背后。这会考验教练的诸多功夫，关系到一个教练对商业和人性的洞察力。

问：首先要对准议题的焦点，过程中还要不断调焦，虽然双方还没有到评估、温习这个阶段，但是在教练过程中教练还是要对议题的精准度保持敏感，对吗？

答：时时刻刻都需要。即使一开始找准了议题，也只是说你们的方向没问题，弯路走得少，效率会高一些。议题的准确性，还有个深浅和系统的问题，需要层层追下去，挖得越深，问题暴露得越充分，解决得就越彻底，教练对象的内心也会越轻松。

问：议题准确，这是一段教练关系开始的必要条件，不能说我们先签个协议走着看看。

答：是的，不能这样。

090

提问

词　解

提问可以激发教练对象的积极性。

人是倾向于自我肯定的，回答问题是自我肯定的过程，这有利于教练对象积极思考和自我激励。

好的提问带着诚意，要问更加基本的问题，因为基本问题可以帮助教练对象回到原点。教练多以不知的心态进入，更容易有发问的动力。有谦卑心，更容易问出基本问题，这要在教练职业开始时就进行训练。以知道的心态会问出看似深刻的问题，但会干扰教练对象的开放性思考，会关闭各种可能性。

好的提问可以提供更多的视角，而且不带有教练的私人视角暗示。有时候不提问，是为了让教练对象自然呈现，也是教练发现对方的过程。

问　答

问："不知"的心态，在提问当中怎么体现？

答：不知，就会引发你的好奇心。提问会显得很真切、很诚恳，容易打开对方的心。你提问的好奇感，会传给教练对象，引发他回应你的时候更开放，而不是紧张地指向某一个角落。我们通常说的那个"知"是你以为你知道。你以知的心态去问，问题容易失去开放性，教练对象真正探寻的欲望也就不能被充分地挖掘。

　　比如我们提过你的一个教练对象，关于你告诉他那个"能力提升"的问题。如果是对方去发掘：第一，他自己可能找到"能力提升"这个所谓的答案，这比你告诉他强，因为他更有自我肯定感，在教练过程中也会显得更为积极；第二，还有新的可能性，超出你以为"知"的范围，他讲出来也许会给你惊喜，这也是接下来要说的谦卑心的问题。"知"的心态使你很难谦卑，你说话的口吻、问询的方式，很难不流露出那种控制和了解，教练对象会对你这些身体语言有自己的感受和判断，他可能会向后退。因为他发现教练很了解自己的议题，那么教练来告诉他就好了。这样，关于找到"能力提升"之外的答案的可能性就没有了。教练有谦卑的心，就容易问教练对象更加基本的问题，也更能懂得教练对象的认知水平现在在哪里，这个更重要。

问：我理解了。以不知的心态去提问，更能启发对方开放心怀，这会对教练结果有好处。要自觉去管理自己的心态。此外，教练应以谦卑之心，问出一些基本问题。什么叫"基本问题"？

答：就是不会有过于明显的导向性。比如你说你接下来就会遇到"能力提升"的问题。这个方向是你定的，这不是基本问题。基本问题是"还有吗""如果还有重要的问题，会是什么呢"。基本问题是非常开放的，由对方来判断方向，越基本的问题越能让对方处于生发的状态。教练对象的开放度越高，教练发现新线索的可能性就越大。教练没有定方向，只是让教练对象保持能量，让他睁大眼睛，却不会说：你往这里看。

问：你还说过教练可以通过提问让教练对象认识到问题的本质。这个提问是有现成的模型可供参考，还是教练的基本功？

答：基本功非常重要，是根本，决定了你从哪里开始提问，问什么问题。有一些模型，是经过大量的实践总结出来的，也很有力量。如果没有把握自己提出问题，可以尝试先用一些被证明行之有效的模型。

譬如，"我听到你刚才说……"，这个话是引用教练对象的话，提醒他注意他刚才表述的重点，也是跟教练对象确认他的问题是什么。教练要把教练对象提出的问题视为教练素材之一。接下来，问他的感受如何，感受正是教练对象要寻求的答案的一部分。当他表达感受的时候，会让他更进一步地深入这个问题。关于感受，也要逐步用对方已经说过的话来推进询问，这个过程中要学会等待，提醒他还有没有补充。再接下来就要问他的需求，要层层向下多追问几步，问题的背后还有什么，推动对方向内寻找答案。

有时候，只是因为教练让他看清楚了需求，答案就出来了。问题常常来源于某一种深度的需求没有被满足。没有被满足的程度，决定了障碍度有多大。

然后，教练可以再做一个回顾，用教练对象的语言表述他的问题、他的感受及他的内在需求。最后，教练可以问教练对象现在愿意采取什么行动。这是一个极好的入口和开端，也是对教练价值有所感觉的重要开始。接下来再谈合作约定，双方都会比较容易。

回到你的问题。我刚才说的就是一个基本的模型，从问题澄清到制订行动计划，不断让教练对象获得向前的力量。模型只能保证你基本不出错，出彩却要靠你的基本功。

问：教练还是要有洞察力，所谓的基本功就是这个东西。

答：不需要你对具体的事件有认识，你需要的是对教练对象有更多的信任，对他解决问题的信任。他就在那里，你只不过是帮他抽身回望了一下。回归本分，你就有了力量，你就会得到教练对象的深度响应。相信教练对象本身就具有超乎你想象的巨大力量，当教练对象确认你相信他时，他已经把你的能量吸取过来了。相信是人与人之间最重要的事，却是最难的。所以我在讲诚意时会把相信放在第一条。

问：教练对象自己能力很强，为什么还需要教练呢？

答：教练是那个按开关的人，你相信教练对象、支持教练对象，点亮他内心的那盏灯。

问：如果是这样，怎么评估教练的价值呢？

答：没有那个开关，这盏灯确实亮不了。

问：教练的价值在哪里呢？

答：价值就是和教练对象一起找到了开关。你按开关的动作虽然小，但是对教练对象来讲意义却很重大。

091
时机

词　解

教练行为和做任何事一样，如果抓准了时机就会事半功倍。教练与教练对象都要准备好。

从教练对象的角度来看，时机不成熟，有时是教练对象对需求认知不清晰，有时是对教练的内涵和工作方式认知不清晰，还有时是认为教练的工作模式对他的支持力度非常有限，所以觉得这不是一个最佳的借助教练获得支持的时机。教练对象如果能以一个准备好的状态向教练呈现自己，会大幅度减少教练的识别难度，双方教练时会更加融洽，效率就会高很多。

对教练来说，时机是指你是否有充分的能量去支持特定的教练对象、解决相关的议题。如果超越了你当时的能力，会给你带来非常多的困扰，也就意味着这不是一个最佳时机。还有，教练自己的意愿如何？在初期的接触和确认阶段，教练也有可能因为信仰、价值观而做出不同的选择。

在已经开始的教练周期里，时机是指：什么时候要加快速度；什么时候要暂停；什么时候要给教练对象一个自我沉淀的时间；在什么情况下用什么样的教练手段来有效激发教练对象的潜能，有利于教练对象把真实的一面呈现出来；什么时间节点，你和教练对象要来一场庆祝。如果抓准了时机，教练工作的效率就会大幅提高，会产生巨大的推动力，给双方增加新的能量和信心。

最后，时机也是指什么时候教练周期结束，把教练对象送出。当教练对象基于这个议题的认知和行为已经改变，而且已经慢慢养成一种习惯、形成一种能力时，便可送出教练对象。但是这个时间点需要教练来判断，时机不对，双方都不舒服，感觉很不妥当；时机选对了，双方都会觉得教练旅程是一个值得互相感恩的旅程。

问　答

问：如果教练发现时机不对，应该做什么呢？

答：在开始阶段，要通过教练方式来进行辨析：这个议题是不是最适合用教练方式来解决？现在是不是求助教练的最佳时间点？如果不是，那应该建议对方去寻求什么样的方式获得支持？教练也需要向对方说明为什么现在不是教练的最佳时机，对方回去应该做些什么，什么时候再来接洽更合适。

在教练过程中发现时机不对，教练要如实相告，比如这个议题我们可以往后放一放，我们先谈另外那个。教练对象也有权利和义务提出来，因为教练工作是为了达成双方共同的目标。这也是约定的重要内涵之一。对于最后将教练对象送出教练周期的时间，如果双方在认知上有误差，可以商量。如果教练认为教练对象现在还不可以送出，要说明为什么。或者教练认为可以送出，但是教练对象还有一些隐隐的不安，跳出了双方正在进行的议题，觉得还有其他的不确定性，还需要教练的陪伴并将议题进一步明晰，这时教练对象也要提出来。

总而言之，如实相告，是最好的方法。

问：一般来说，什么时候是企业家请教练的最佳时机？

答：企业家突然有一种失控感，或者有很深的压抑感，但是由于自己处在企业的顶端，又无处诉说，超越了业

务经营模式本身，自己的心性受到了震动，有一种孤
独感，特别想找一个能够体会他的这些感受又值得信
赖的人做一些深层次的沟通和梳理。

　　企业家通常在以下五大时刻有这种需要：企业领
导交接班、企业遇到危机、重大突破性项目实施、企
业并购后的协同、企业转型升级。除了考虑请专业领
域的咨询公司以外，还可以考虑请专业的企业家教
练，为企业家的内心提供支持，让企业家把自己和这
个重大事件之间的管道清理得更加通畅，内心更趋平
稳，从而和业务变革形成互动，指向一个更可期待的
新格局。

问：企业家处于五大时刻，内心感受到震动和压力，这是请
　　教练来支持自己的好时机。但从现实情况来看，企业家
　　请教练的情况还没有那么普遍，是什么原因让他们错过
　　了在这些时间点去找到一个支持自己的人呢？

答：第一个原因，企业家天生孤独，而且他们习惯了这种
　　孤独，特别是在做重大决策的时候，甚至有些企业家
　　会以这种独自做决策为荣，会暗示自己最关键的问题
　　肯定得自己来拿主意，导致他宁可自己受煎熬，也不
　　愿意求助。

第二个原因，企业家想到找咨询公司为相关的业务提供解决方案，这会给他很大的支持，反过来会影响到他的心态。

第三个原因，企业家还不太了解有专门的教练可以从内心更深处来陪伴他，通过看到更全面的事实来做出更加精准的决策。

092

适合

词　解

　　企业家找教练的时候应该注意彼此的适合度。

　　首先，企业家要特别重视和教练第一次见面的感受。如果见到这个教练时没有亲切感，没有想说话的欲望，觉得不放松或者想尽快结束谈话，就说明对方不是你要找的教练。那个感受其实恰恰能够反映出这个教练跟你的适配度，以及教练功夫的深浅，因为现场信息更加符合事实，更加精准。

　　其次，要关注教练是否能够在第一次见面的时候展现出无私的教练品格，是否传递出一种信念，相信企业家是问题的拥有者，也是答案的拥有者。好的教练在第一次见面时便能凭借教练手法使沟通抵达一定深度，让企业家可以看见问题解决的可能性。

　　最后，关于付费。如果企业家觉得这个教练是一个合适的人，是能够给自己提供相应支持的人，就不要将教练过程当成一种纯粹的商业谈判来考量。企业家是企业的领袖，要衡量这个议题给企业发展带来的相关价值。企业家不要让下属来谈论这个话题。

问　答

问：企业家还不太确定对面的这个教练是不是最适合他的教练，此时企业家可以做些什么？

答：他可以坦率地把他的疑虑说给对面的教练听，如果教练不能解答，可以谈第二次、第三次。当然，企业家也可以接触其他的教练，去感受、去比较。

　　"就是他"，这种感觉太重要了。这是一个双向选择的过程，因为教练也在判断教练对象，自己能不能有效地给予他支持，针对这个类型的议题，自己有没有意愿、时间和精力，当然也包括付费水平，这是一个重要参数。

问：也许走着走着发现我们更适合了呢？

答：试错成本太高了，双方时间都很宝贵。如果你找不到"就是他"的感觉，建议就不要开始。

093
挑战

词　解

挑战意味着教练关系不是一帆风顺，总有羁绊、芒刺、蜘蛛网的存在。

有时教练对象会向教练提出直接的挑战，会质疑教练的方方面面；有时教练对象则表现为明显的不配合，甚至故意测试教练，想看看教练的反应；更多的时候，挑战来自教练对象对教练议题的进展速度不满意，和教练关于教练节奏没有达成共识，或者是对教练约定没有及时进行校对，双方对议题的范围产生了分歧。

遇到挑战时，教练要站在"退尺之地"，让教练对象有充分的时间来表达。等教练对象情绪平稳后，基于约定，平和地提示教练对象回到议题中来。

如果教练对象针对教练的能量状态提出挑战，教练应该坦诚面对挑战，自我检讨，说明原因，然后商量调整的措施，希望得到教练对象的谅解。

其实，教练关系中没有挑战是不正常的，教练要视每次挑战为自我精进的机会。教练对自己的本分要保持高度的自觉，这样才不容易懈怠，应该把挑战看作对教练关系正向的推动。

问　答

问：教练坦诚面对挑战，自我检讨，说明原因，然后商量调整的措施。碰到这样的情况，是一个很尴尬的局面，如果这个时候对方说要终止合同，你这个教练不合格，怎么办？

答：这当然是很尴尬的局面。但是检讨的目的除了承认错误，还有发现真相，让教练对象放下情绪，去找寻那个让他想终止关系的原因。也许通过对原因的探索，最后发现是他对节奏理解错了，或者说没有理解教练的工作原理，或者说忘记了当初的约定，这些都是有可能的。但是只有教练平静下来，先让对方具备跟你谈话的能力，刚才说的这些事实才可能被检索出来。到这一步，你有一部分责任，包括诸多刚才说的相关

093 挑战 • 349

事实，你有没有及时帮教练对象厘清，有没有及时提醒。

　　只有这样，这个挑战才有可能变成一次关系的递进。这还是相信的问题，要相信教练对象足够优秀，通过辨析，教练对象发现是自己的问题，他会向你道歉的。他会说，自己太急躁了，没有弄清楚，这个问题没和你说明白。他也可能受到了其他你不知道的事情的冲击，但是又不愿意跟你讲，也许是最近家里的事，导致他压力骤增，没有耐心再像过去那样正常往前走，甚至通过对别人的打压和攻击来平衡心态。

问：如果对方确实觉得你不适合做他的教练，怎么办？

答：那也有可能，但是教练还是得弄清楚原因。教练可以邀请教练对象来帮助自己找出原因。教练可以这么说："我没有帮你把价值挖掘出来，哪些地方做得尤其不好，严重到让你想放弃这个教练关系？我特别想了解，你能不能说得稍微具体一点？这会对我有很大的帮助，我会很感谢你。"

问：让教练对象说出原因，有用吗？

答：一说就暴露了更多事实，你就知道这些问题到底是没有约定清楚，还是自己的能力有问题。

问：一定会有能力问题，不会一点都没有。

答：那就坦然面对，如果确实是你能力的问题，那就坦诚
相告：我这方面做得不够好，我很抱歉。

问：碰到不合适的议题，也是可能出现这种结果的。

答：是的，当然这跟每个人的人格有关，但都是诚意的问
题，说到底你的勇敢还是来自你的坦诚。

问：这是一门生意，你和他匹配吗？你能满足他的需求吗？
教练活动中一定会碰到这些问题。

答：如果纯粹因为能力不足，那你只好如实跟对方说，没
有更好的方法，只能感谢他曾给你机会做他的教练。
我觉得这是个人修养的一部分，所以教练和教练对象
向前的过程，也是教练提升自我修养的过程，不仅是
教练技术提升的过程，对你的人生也会有帮助，会让
你的格局变大，因为教练对象会推动你，也会不断挑
战你。

问：人生就是这样，每个人都希望和比自己水平更高的人交流。第一种情况，也许开始的时候你没有充分展示自己的能力，虽然也做了很多事，但他不愿意跟你交流了，这时你的检讨可以让对方平静下来，看看过程中有什么问题，大家谈清楚，谅解了就没问题了。第二种情况，对方确实因为有情绪，把情绪宣泄到你身上，宣泄完就好了。第三种情况，教练确实有问题，是教练自己有不足，要感谢教练对象。

答：是的，他给了你教练实践的机会，又就你的能力问题给了提醒。教练对象不用这样的方式敲打你，也许你还以为自己能力很强呢，所以当然要感谢他。

094
答案

词　解

　　答案的呈现至关重要，它是对教练对象最大的解放。从此，教练对象可以获得全新的能量，把相关压力和纠缠最大限度地解除，拥有继续向前的基础和力量。这是教练贡献价值的关键时刻。

　　第一，教练对象带着议题来寻求教练支持的时候，内心紧张、有压力，当然希望尽快找到答案，放下这份压力。教练对象如果没有经过对情绪和事实的梳理，完成对问题的澄清，这时找到的答案往往缺乏力量，不能真正指向问题的根本。如果问题不真实，答案当然也就不会真实，所以，暴露真实问题是关键。此时，答案掌握在教练对象手中这个信念才能得到印证，否则这句话只是一个口号。

　　第二，答案是有阶段性的。即使在同一个议题中，也会有不断递进的答案组合，迎向一个最终的总体的解决方案。此前的每一次突破、每一次对真实问题的发现、每一次企业家本人对自我的挖掘，都是一次向真实答案的靠近。

第三，我们对每一个答案都要有所判断，都要进行确认。要以此为新动力，更进一步参与到教练对象的实际行动中，陪伴并及时地支持，这样教练对象才会有可能养成新的习惯。找到答案是一个起点，是推动力，但并不意味着教练关系的结束。

问　答

问："我们对每一个答案都要有所判断"，这句话是什么意思？

答：这个判断指的是要辨析这个答案是什么层面上的答案，小的答案是为了引出更大的答案，最终抵达目标，就好像我们去这一站坐车是为了向下一站前进，最后到目的地。所以要对每个答案进行辨析，有些答案是逼近最终解决方案的一个节点。对当下处于迷茫状态的人来说，看见前面一千米处的灯，他觉得那个就是答案，你要启发他，继续向下一站前进。教练的作用不是判断答案的对错，而是判断是什么意义上的答案。你对问题的追踪有一份高度的自觉，教练对象身处其中，你比他更清晰，你是观察者、教练者。

问：如果说一段教练关系走了一段相当长的时间，一直处于摸索答案的黑暗当中，应该怎样理性地看待答案追寻的问题？

答：一般不会出现这种情况。教练过程通常是由若干小的答案组合来逼近一个大的答案，如果双方有这种自觉，通常不会出现这种情况。

　　如果真的出现长时间连小小的进步都没有，完全停滞在那里，教练应该提请教练对象一起进行一次评估，看看当下这个障碍一直越不过去的原因到底是什么。可以回顾已经走过的教练进程，回到当初的基本问题，重新审视。是我们的议题走偏了，还是在实际过程中这个议题对教练对象已经不成立了，教练对象真实的焦虑并不在这里，或者说教练对象本身被他认为更加重要的一个问题给牵走了，回答问题总是切入不到核心，又或者是不是教练的问询出现了问题，一直停留在表面，是不是应该利用系统的动力形成协同，找到更加有力的资源支持这个议题的破解。教练应该对这些做系统的检讨和评估。

　　总之，这时应该主动叫停，停下来进行检查修正。这是如实和负责的态度，也是对教练的职业要求。

095

教练时刻

词　解

教练时刻是指教练进程中的高峰体验，是非常理想的状态，是教练的荣耀，是教练对象的幸运时刻，是教练进程结出硕果、放出光芒的一刻。

那一刻对双方来说都是恩典，意味着双方进入了自由状态，即我们通常说的默契到了。不管有言语和无言语都心心相印，你说了上一句我就知道下一句，严格意义上的教练时刻是这样的。我们在实际教练进程中，希望把每一次教练过程或者教练时间都变为教练时刻，这是我们的向往。

问　答

问：做教练的过程不叫教练时刻？

答：那叫教练时间。

问：教练时刻是高峰的时候，是双方都觉得达到了预期的结果。

答：我希望以诚意和共生为教练理念，让其贯穿于教练时刻。这是一种向往，为什么呢？因为教练进程需要双方的配合。

　　我们在现实中做企业家的教练，这个时刻非常难达到，这是我们企业家教练的追求，尽可能多地出现这样的高峰体验，会给我们无限的动力，也会激励教练对象愿意进行下一次教练行为。他会渴望，因为这种美好的体验太强烈了，他很想再一次经历。教练时刻不仅解决了他的具体问题，还给了他非常特别的体验，让他感觉非常舒服，一下子看到很多希望，一下子看到很多问题解决的可能性。这是很难用语言描述的感受，教练对象当然愿意继续跟你往前走。

　　这也是我强调教练修养的原因，因为教练时刻不是一次教练进程就能达到的，需要你长期为之奋斗。

096
准备

词　解

　　教练相信答案就在对方那里。教练能做的就是拨灯花，只有把灯花拨掉，火苗才会大一点儿。灯油和火都掌握在教练对象手里。这意味着教练所准备的材料在对方那里，他掌握得比你还充分，你能做的就是要给他机会，让他对已知信息做进一步表述。你要感知他在表述时的态度、情绪，以及难以觉察到的微妙的纠结，这些是书面材料无法呈现的，只有在现场才能看见。

　　教练即使事先有所准备，到了现场，也要放下，尽可能全面利用现场的全息环境，让教练对象重新把这些信息再过滤一遍，而且一定要以现场的信息为准。通常意义上的准备会给你带来更多的预设。教练对象的企业家特性决定了他对企业信息了如指掌，他会把太多信息放在谈话现场，而这些信息和你此前所做的准备往往没有太多关系。即使教练对象和你坐下来谈产品，可能也只是从产品这儿开一个头，就说到产品经理这个人的问题，然后一下子又谈到组织架构问题，进而可能又谈到企业文化问题。对于教练，教练对象自由流露的信息正是你要捕捉的关键信息。有时候甚至不需要你为引导他发现答案而提问，他讲完一圈自己都知道答案了。本来以为需要找产品解决方案，没等教练说话，教练对象自己讲完之后，发现需要换一个产品经理。有时候他脱口而出的那个就是答案，你只是跟他确认一下而已。

问　答

问：我跟人谈话之前会很用心地做准备。比如，今天我重点要跟你交流的问题是你身上的某些问题，那么我要提前准备好。我对别人好的方式，就是很明了地告诉他，他哪里做得不够、背后的原因是什么，这是我对人负责的态度。

　　这就形成了我的惯性，当我要跟我们私董会的人谈话时，我通常都会形成概念。我能够帮他的是什么，我会用合适的方式给他指出来，让他接受，让他去改变。

答：最重要的准备是心态，不是内容。

问：教练不是这样的。这些问题存在，你看见不是关键，你怎么用教练的方法让教练对象自己说出来才是关键，因为他自己说出来才会有力量，由教练说出来太简单了，教练要控制住自己点出问题的症结的习惯和欲望，这对教练来说是最难的。

答：所以每次教练行为前至少一个小时，你要抽出时间跟自己对话。作为练习，思考以下几个问题：第一，我有没有建立这个信念——我相信教练对象在我们谈的议题上最终能够找到答案；第二，我跟教练对象的对话过程中最需要避免的是什么，如果遇到自我跳出来，不能做到"无我"，我该怎么办？

　　这个练习非常有意义。如果你坚持练习三个月、半年，进行了 20 场、30 场教练活动之后，你自己就会有感悟。我等着你跟我分享感悟的那一天。

　　原来你可能需要一个小时反复跟自己对话、沟通，然后逐渐变成半个小时，直到变成一种习惯，自我不再跑出来。这时你跟教练对象的联结有可能真正发生，月亮映在湖面上的图像就可能出现了。接下来，你就会感觉岂止是月亮可以映在湖面上，一根树枝、一只小鸟也可以映在湖面上。

你会发现你变得特别敏感，你会对鸟叫声，对周围的风景，对过去你不太敏感的东西都敏感起来。你并没有刻意训练，你只是训练了跟每一个教练对象见面时你的"无我"心态，放下自我评判的心态。当看到一个东西的时候，你的自我不会第一时间跳出来，而是会有等待，会有一个平静的观照期。这个时间也是"余地"的一部分，它会让事情的全貌像孔雀开屏一样，慢慢地展现。你不会因为见过很多次孔雀开屏，到了孔雀生活的地方，就告诉旅游的同伴孔雀开屏总共需要多长时间。其实跟你一起来看孔雀的同伴并不喜欢你说这些话，他们也期待自己第一次的体验。你会从一开始的压抑到最后变成自然而然的等待，和他们一起经历第一次看见孔雀开屏的样子，你也会获得更深刻的体验。这就是我们通常所说的初心。

初心就是你对好像很熟悉的东西还保持着像第一次见到时那样的好奇，时时有惊喜。这样的生命是值得赞叹的。你看上去很平静，但又生动无比。你的样貌会接近"望之俨然"，很肃穆，但是"即之也温"，等到靠近你的时候又发现你很温暖、很平和。

097

存养

词　解

　　存，有保留、收藏之意，有时间的内涵在里面；养，有培护、生发之意。存养就是利用足够的时间持有并发酵化育。化育至纯，纯而又纯，以至于一。纯一也可以称为至为平静的生机，即看上去平静，其实是极度的活跃，旺盛异常如同发酵中的茅台酒，酒体平稳，菌群活跃。

　　存养是一种心态，不到瓜熟蒂落不要生拉硬扯。有存养，会感觉东西是走到你面前的，举手可及，并不需要追赶。这种经常性的感受，会让你生出平常心，不急不躁，不表演，自然而然。

　　有存养的人，会显得比较稳重，因为有存养，身心不分离，经常和自己对话，能专注地深入当下；有存养的人，一直在当下生成的状态中，给别人的印象是他很有临场感，处于既完成又正在进行的状态；有存养的人，有不孤单、不分离、这里就是那里的感觉；有存养的人，一定会倾听，而且感受力更强，因为他足够平静。

在教练过程中，对分寸和时机的把握很重要，这个需要教练有存养的功夫。时机的"机"在哪里，知识帮不了你，但存养可以使能量得以更好地保持，一旦起用，用之不竭。

存养的核心是人格准备，需要发展利他的人格，一个自私的人是很难做教练的。

问 答

问：谈存养时，我们谈到教练要把握分寸和时机，教练在现场对分寸和时机的把握，究竟是如何做到的？

答：我们所谈的词条，许多都可以统归到存养这一条中。存养很根本，我个人对它的体会也最深。我常常举茅台酒的例子，最普通的茅台酒也要在酒窖里存放五年，这就意味着它有足够的发酵时间，所以菌群活跃，酒体却是平稳的。一个有存养的人，外表很平静，内心高度活跃，因为他很稳定，也很活泼敏锐，所以能捕捉到微细的点。他既能看清又能捕捉，于是就能把握住时机和分寸。当你有了存养，自然而然就懂得这个时机和分寸在哪里了。

存养中的人格准备，比如信任别人的能力，比学了多少教练技术这类知识准备重要得多。只有具备无私的心、为他人服务的心，才会发现真正的时机。如果不是充分地替别人的幸福或者人生价值着想，你会缠绕在一种自我的小私利和心计里。教练每前行一寸，都要反观内心，都要在存养这个地方着手。

存养的意义还在于，你的观照会从下意识变成高度自觉。对有些人来说，无私利他是做人的原则，是不需要思考的。即使这样，也要从教练存养的视角重新做一次审视、回顾和确认，这会使你更加坚定。这个过程能帮你确认和清晰自己的心境，能支持你在今后更加自觉地应用存养这个技能。

098
和解

词 解

教练工作的实质，是协助教练对象与自己的内在恐惧进行和解。这个和解，不同阶段的内涵略有不同。

正在不断向上成长的企业家，通常需要教练的都是发展中的议题。教练陪伴企业家，让他更有勇气去面对各种议题，重新获得一种平衡，有可能只是帮他调整一个视角就能成为支持他前行的力量。在教练议题里，这种意义上的和解比较常见。

企业家有过当英雄的感受，曾经越过一个又一个困难，直至某种东西阻断了他的英雄之路，内心受到了巨大的冲击。此时再谈和解，它的意义会更加重大。英雄迟暮也好，断崖式的失败也好，都会逼迫这个英雄向内审视，寻求全新的意义。如何看待过往的辉煌？如何看待这样一次失败？又如何看待未来的生命旅程？过去是在战场上打败敌人，现在只剩下自己可以超越了。如果不能跟自己和解，最后也不能和其他关系和解。英雄倾向于按照既有的路径去管理这些关系，但是这些关系已经发生了重大的变化。企业家会感觉到失去了主导权和控制权，内心调试的难度要比此前大得多。

和解是接纳现实并对未来充满信心，找回生命新的价值。只有和解，过往的辉煌才会变得对今天的生命具备现实的意义和正向的力量，当然，这对教练的挑战也更大。

问　答

问：在企业家离开战场后，教练如何帮助他与自己和解呢？

答：第一，不要期待和解的周期会很短，和解往往需要较为漫长的陪伴。教练对象和教练都需要有足够的耐心，骤然变冷恰恰需要我们去慢慢地解冻。

第二，企业家需要感觉到自己被教练深深地懂得，并感受到来自教练的深层关切，感受到教练懂得他今天对过往辉煌的眷恋及对当下处境的无力感。

第三，要帮助企业家认识到自我价值降低的感觉来自他对这个价值的判断尚未摆脱原来的体系。此

时，职业人格要返回来支撑他的自然人格，把企业家
精神内化为今天生命的力量。不同的是，现在更多的
是要以分享为主导思想，创造出内心的财富和生活的
新景象。

099
习惯

词　解

　　教练价值的呈现，前期主要是完成对议题的深度认知，在教练过程中是不断随着认知层次的递进慢慢地调整行为，最终实现的标准，是教练对象新行为习惯的养成。正是在这个意义上，教练关系是一种陪伴关系，需要一定的周期和足够的时间。通过两三次，甚至只有一次教练活动，优秀的教练都有可能帮教练对象通过层层去伪、步步拆解，抵达真实问题。一旦找到问题的症结，教练对象就会获得一种新的认识，这就是所谓的豁然开朗。这个相对来说容易一些。

　　难的是一个具备极强人格内核的成年人，他的行为有些已经相对固化，要想调整行为习惯非常困难，需要时间加护。即使当下面临的议题解决了，也不意味着就可以变成一种持续的机制，在企业载体中继续生效。如果不能养成新的行为习惯，旧的习惯会反扑，教练对象会重现无力感，失去觉察力，再次碰见老症结时，他还是看不出来。所以，教练对象和教练从一开始对议题价值呈现的方式就要达成共识，这样便于制定适合的教练周期。

因为新的行为习惯的养成关乎对教练价值的评估和教练价值最终的实现，所以习惯这个词需要单独提出来。当然，具体怎样更有效地生成新的行为习惯，我们在其他词条里谈了不少，比如通过系统的力量，形成协同和响应等。

问　答

问：怎样能够让企业家认识到，教练价值的实现最重要的标准是新的行为习惯的养成？

答：最关键的时机，就是最初开始见面进行沟通的时候，要尽可能让企业家充分了解教练是什么，教练价值的实现方式及理由是什么。应该在这个时候为教练对象展开说明，以教练的方式来说清楚这个问题。比如可以通过向教练对象提问，让教练对象说出来，这需要一段时间的支持和陪伴。确认以后，作为约定，严肃其事。通过这样强调，教练对象的认知里就拥有了这个东西，在教练过程中你再适度地提醒他，就会产生效果。

问：为什么一开始是最好的机会？

答：一开始他正在向你求助，愿意倾听，这是最佳的时机。教练过程中再从头解释很麻烦，非常难。因为企业家都很自信，觉得讲三次可以了，这个问题已经解决了，他知道是怎么回事了，所以特别容易放弃。当然，过程中出现反复也是教练的机会，让企业家在现实中看到行为的反复，就能理解习惯养成的重要性。因为还在教练合约期内，企业家回到教练活动时，就会谈到这个体验，明白教练价值的真正实现正是依靠新的行为习惯的养成。

100

谢谢你

词　解

谢谢你！

谢谢你是一次内心告白。你对我的贡献我已收到并了解，这给了我鼓舞和力量。

谢谢你是一次由衷的致敬和赞叹。你能如此慷慨地付出真诚和善良，是我学习的榜样。

谢谢你是一次心愿的表达。我多么希望我还能经历这样的时光，未来我们还能如此相伴。

谢谢你是一次回礼。你送给我的礼物弥足珍贵，此刻，我把感谢的心情回送给你。

谢谢你是一次承诺。我会把你的信任放在心底，谨守本分，不断精进，我要做得更好，不辜负你的帮助。

谢谢你是一次联结。我们在一起，我们还会在一起，一起穿越暂时的黑暗，迎向光明。

谢谢你是一次对自己心声的倾听。我听见我心里涌出了感动和感谢的声音，如雨飘落，来得正好，滋润诚意好好生长。

谢谢你是一次对自己的提醒。我记得是对面这个人给了我巨大的信任，把心门打开让我进来，我们一起找到开关，让光明照亮某个小角落的同时，我有机会领略更多已坦然呈现的耀眼风物，也正是它们给了我支持伙伴持续探寻的力量。

谢谢你是一次对自己的告诫。我与对面这个人的每一次相遇都不可疏忽，都不能缺少恭敬谨慎，每一次成果都需要用心呵护。

谢谢你是一次对这场教练关系的祝福。愿我们约定的目标如期而至，愿诚意一直在，愿共生的力量不仅推动议题的解决，更让我们彼此都能有更多的自我发现，获得更多的解放和自由。

谢谢你！

问　答

问："谢谢你"作为一种教练修养在教练实践中的意义是什

　　　么？ 如何运用？

答：谢谢你不仅是一种礼貌用语，更是一种修养，是教练
　　应该经常拥有的真实心态：谢谢你，是教练对教练关
　　系的期望和检视，也是教练的自我要求，它是教练过
　　程中的润滑剂。

　　　　首先，在实践中，谢谢你是训练自己和教练对象
　　有效联结的方式，推动教练回归职业本分；其次，在
　　教练过程中，它是一种有效的沟通语言。每次教练时
　　间，教练都以谢谢你开始和结尾，这对于教练对象是
　　一种暗示，能让教练对象感觉到在指向答案的教练进
　　程中自己才是主体，会更加积极地投入。

　　　　把谢谢你作为本书最后一个词解，也是我作为企
　　业家教练的心声。感谢所有教练对象对我的信任，让
　　我走进他们的内心，参与了他们卓越生命的建设。

后　记

　　作为本书前言的"诚意与共生"与几篇相关案例于2016 年年中发表之后，不少读者希望我就企业家教练修养的部分多做些阐释。为了回应这些要求，我以"张中锋教练心解"的形式陆陆续续写了一年，部分词条发表在自己的微信公众号"张中锋三原则"里。后来，我邀请我曾经的教练对象，现在也在做企业家教练的著名企业家王佳芬女士，还有日常与企业家紧密合作的著名风险投资人金炯女士分别就这些词条向我提问，从而构成了本书的内容：100 个词解和对应的问答。

　　虽然这 100 个词解和问答的修改都在五遍以上，但好像仍不能完整地表达教练实践中必需的修养。希望本书出版之后，广大读者能提出更多的问题，我们一起探讨，共同推动企业家教练的职业实践在中国的发展。

　　感谢我所有的教练对象，他们的信任一直是我前行的动力，没有他们就没有本书；感谢王佳芬女士和金炯女士的提问，没有她们来自丰富实践的真实思考和提问，这些词条就没有进一步得以细致阐释的机会，读者也很难看到那么多真实的教练案例；感谢我的家人和朋友在本书写作过程中给予我的各种理解和支持；感谢机械工业出版社编辑为本书付出的心血，让本书得以出版，与读者见面。

最后，对 20 年来以"教练对象"的身份坐在我面前的所有企业家及其关联的企业高管、家族成员们说声：谢谢！

张中锋

2024 年 6 月